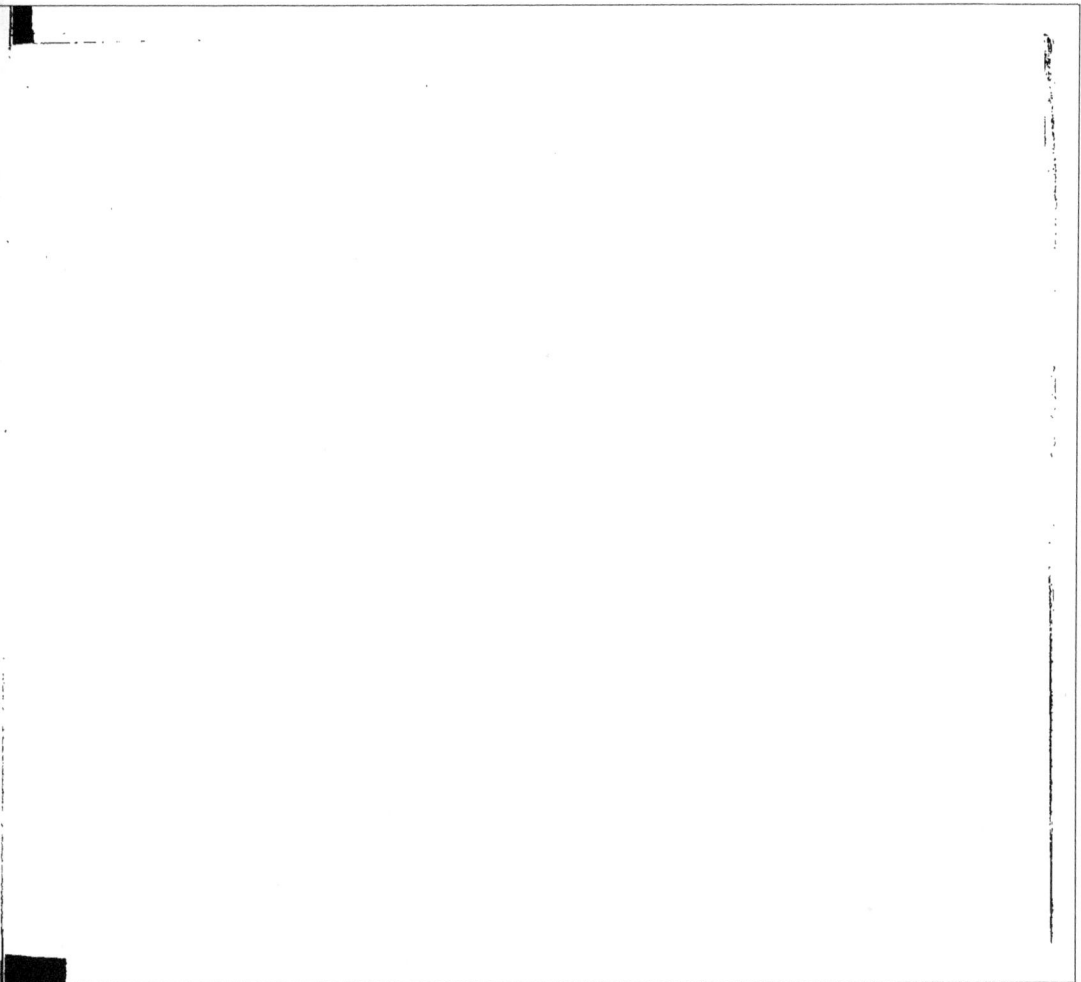

TABLE

DE LA

CARTE CHRONOLOGIQUE

DE

L'HISTOIRE UNIVERSELLE

avant Jésus-Christ

PAR LE GÉNÉRAL BEM

A l'usage des Examinateurs

———————◦●◦◇◦●◦———————

PARIS

Vve JULES RENOUARD, ÉDITEUR, 6, RUE DE TOURNON

1866

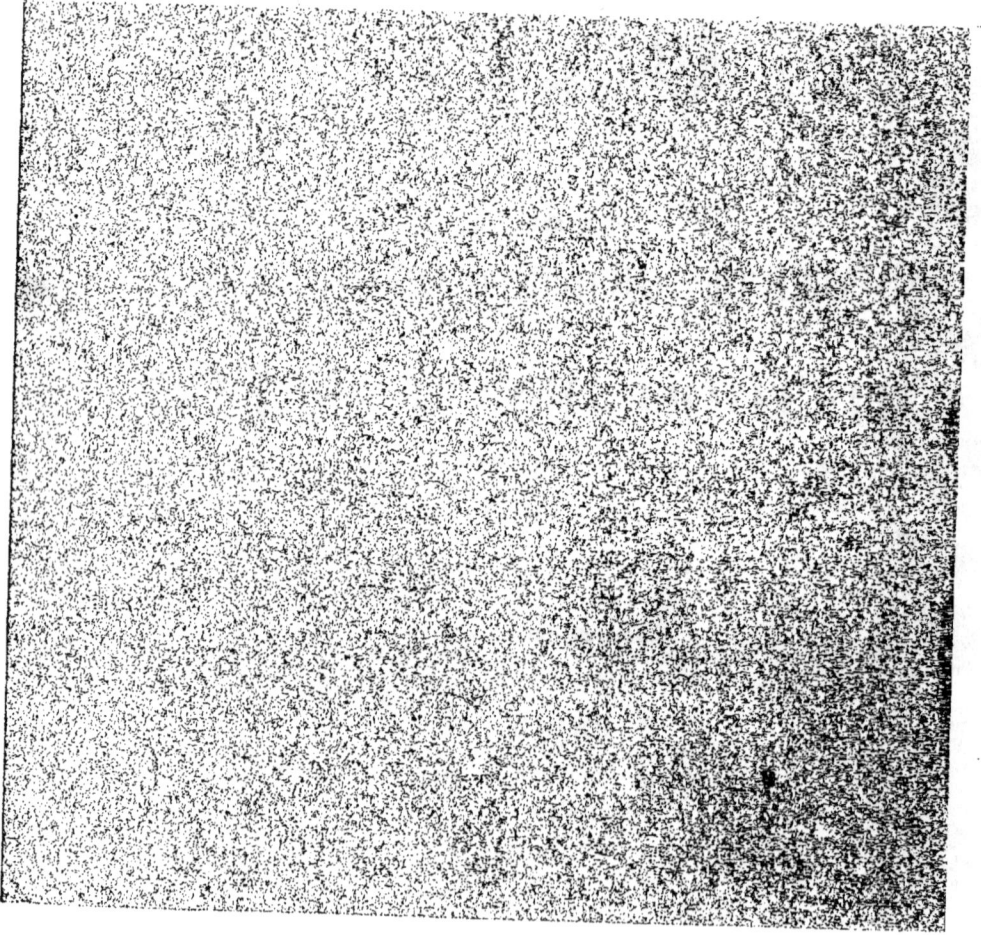

TABLE

DE LA

CARTE CHRONOLOGIQUE

DE L'HISTOIRE UNIVERSELLE

avant Jésus-Christ

PAR LE GÉNÉRAL BEM

A l'usage des Examinateurs

PARIS

Vve JULES RENOUARD, ÉDITEUR, 6, RUE DE TOURNON

1866

CORBEIL, TYPOG. ET STÉR. DE CRÉTÉ.

AU LECTEUR

On appelle *Méthode mnémonique franco-polonaise* l'ancienne Méthode polonaise qui, dans son application à l'histoire, a aujourd'hui pour base les ouvrages prescrits par le Conseil royal de l'Université de France pour l'enseignement de l'histoire dans les colléges royaux, dans les écoles primaires et dans les autres établissements d'instruction publique.

L'auteur des Cartes chronologiques dont on se sert actuellement pour enseigner l'histoire a suivi avec l'exactitude la plus consciencieuse les ouvrages en question ; ce n'est que dans les cas d'omission d'une date ou d'un détail qu'il s'est permis d'avoir recours soit à l'*Art de vérifier les dates*, soit à un autre ouvrage d'un mérite incontestable.

A la fin de chaque article on trouvera l'initiale du nom de l'auteur et la page de son ouvrage où l'on a puisé le fait. Tout en travaillant pour les écoles françaises, l'auteur des Cartes a conçu une idée plus vaste ; c'est celle de faire admettre dans tous les pays civilisés la Chronologie que l'on suit aujourd'hui en France.

Il est notoire que plus de deux cents chronologistes se disputent le terrain sur lequel chacun a bâti son système. Il est temps que l'on tombe d'accord pour en adopter un. L'exemple de l'Université de France sera, nous n'en doutons pas, imité par les autres nations ; et l'*Art de vérifier les dates*, ouvrage des savants Bénédictins de la congrégation de Saint-Maur, finira par être généralement préféré. Alors les personnes qui auront étudié l'histoire, dans quelque pays que ce soit, pourront au moins s'entendre sur les synchronismes, ce qui, malheureusement, n'a pas lieu aujourd'hui, chaque auteur s'étant créé un système différent.

Nous nous estimerions heureux si nos travaux pouvaient contribuer à une fusion générale. Des éditions anglaise et allemande de nos Cartes chronologiques et de leurs Atlas feront connaître sous peu, à ces deux nations éclairées, ce qui a été adopté en France. Les hommes d'enseignement saisiront cette occasion pour établir les études historiques sur une base solide. Si quelques auteurs, si même les défenseurs des deux cents divers systèmes voulaient y opposer leur *veto*, la raison publique trouvera dans cette divergence d'opinions un motif de plus pour sortir de ce chaos, et pour ne suivre dorénavant comme unique système que celui qui aurait pour lui l'autorité des maîtres de la science.

Paris, le 30 mai 1845.

OUVRAGES

Adoptés par le Conseil royal de l'Université de France pour l'enseignement de l'histoire dans les colléges royaux, dans les écoles primaires et dans les autres établissements d'instruction publique, que nous avons suivis pour cette première partie de l'Histoire universelle.

1° *Précis de l'histoire ancienne,* par M. Cayz, inspecteur de l'Académie de Paris, membre de la chambre des députés, et par M. Poirson, proviseur du collége royal de Charlemagne. Septième édition, 1841.

2° *Précis de l'histoire romaine,* par M. Du Rozoir, professeur d'histoire au collége royal de Louis-le-Grand, et M. Dumont, professeur d'histoire au collége royal Saint-Louis. Sixième édition, 1840.

3° *Précis de l'histoire de France,* par M. Cayx, inspecteur de l'Académie de Paris, membre de la chambre des députés, et M. Poirson, proviseur du collége royal de Charlemagne. Seconde édition, 1840.

4° *Atlas de géographie historique* pour servir à l'intelligence de l'histoire ancienne, par Poulain de Bossay, recteur de l'Académie d'Orléans.

L'Art de vérifier les dates nous a servi pour ajouter les dates qui manquaient, pour rectifier quelques fautes d'impression et pour ajouter quelques détails.

NOUS AVONS CONSULTÉ EN OUTRE :

Le Manuel de chronologie universelle de M. Sédillot ;

Les ouvrages historiques et géographiques de M. Ansart ;

Les ouvrages historiques et géographiques de l'abbé Gaultier ;

La Vie des Hommes illustres, par Plutarque ;

Les Marbres de Paros.

A la fin de chaque article on trouvera une lettre et un chiffre ; c'est l'initiale du nom de l'auteur, et la page de son ouvrage.

Initiales qui se rapportent aux noms des auteurs et à leurs ouvrages.

Ouvrages prescrits par le Conseil royal.

A.	veut dire	Art de vérifier les dates.		
C.	—	Cayx,	ouvrage	n° 1.
C*.	—	Cayx,	—	n° 3.
D.	—	Dumont,	—	n° 2.
DR.	—	Du Rozoir,	—	n° 2.
P.	—	Poirson,	—	n° 1.
P*.	—	Poirson,	—	n° 3.
P. de B.	—	Poulain de Bossay,	—	n° 4.

Autres ouvrages.

An. (Ansart). — Gault. (Gaultier). — Pl. (Plutarque). — S. (Sédillot).

TABLE

DE LA

CARTE CHRONOLOGIQUE

DE L'HISTOIRE UNIVERSELLE

A L'USAGE DES EXAMINATEURS

4963		**Création du Monde.**	
Av. J.-C.		ADAM, premier homme et premier patriarche antédiluvien. EVE, première femme.	*C. 11.*
4962	7	Naissance de Caïn, premier fils d'Adam.	*A.*
4961	7	Naissance d'Abel, deuxième fils d'Adam.	*C. 13. — A.*
4834	7	Naissance de Seth, troisième fils d'Adam, deuxième patriarche antédiluvien.	*C. 14. — A.*
4833	9	Mort d'Abel, âgé de 128 ans.	*C. 13. — A.*
4729	7	Naissance d'Énos, fils de Seth, troisième patriarche antédiluvien. Il rendit, le premier, un culte public au Seigneur.	*A.*
		Enfants de Dieu. — Enfants des Hommes.	
		On appela ainsi les descendants de Seth et de Caïn.	*A.*
4700	6	Hénochia, première ville bâtie par Caïn.	*A. — P. de B.*

1

4639	7	Naissance de Caïnan, fils d'Énos, quatrième patriarche. *A.*
4630	8	Les tentes, inventées par Jabel, père de la vie pastorale, sixième descendant de Caïn.
4629	8	Les instruments de musique inventés par Jubal, frère de Jabel. *A.—An.*
4569	7	Naissance de Malaléel, fils de Caïnan, cinquième patriarche. *A.*
4560	8	L'art de travailler les métaux, inventé par Tubal-Caïn, frère de Jubal. *An.*
4559	8	L'art de filer la laine et de tisser les étoffes, inventé par Noéma, sœur de Tubal-Caïn. *An.*
4504	7	Naissance de Jared, fils de Malaléel, sixième patriarche. *A.*
4342	7	Naissance d'Hénoch, fils de Jared, septième patriarche. *A.*
4277	7	Naissance de Mathusalem, fils d'Hénoch, huitième patriarche. *C. 14.—A.*
4090	7	Naissance de Lamech, fils de Mathusalem, neuvième patriarche. *A.*
4033	4	Mort d'Adam, âgé de 930 ans. *A.*
3978	4	Hénoch, septième patriarche, âgé de 361 ans, est enlevé au ciel sans avoir subi la mort. *A.*
3934	4	Mort de Seth, deuxième patriarche, âgé de 900 ans. *A.*
3908	7	Naissance de Noé, fils de Lamech, dixième patriarche. *A.*
3821	4	Mort d'Énos, troisième patriarche, âgé de 905 ans. *A.*
3729	4	Mort de Caïnan, quatrième patriarche, âgé de 910 ans. *A.*
3674	4	Mort de Malaléel, cinquième patriarche, âgé de 895 ans. *A.*
3542	4	Mort de Jared, sixième patriarche, âgé de 962. *A.*
3428		**Construction de l'arche de Noé.** *A.*
3408	7	Naissance de Sem, fils aîné de Noé. *A.*
3407	7	Naissance de Cham, deuxième fils de Noé. *A.*
3406	7	Naissance de Japhet, troisième fils de Noé. *A.*
3513	4	Mort de Lamech, neuvième patriarche, âgé de 777 ans. C'est le patriarche antédiluvien dont la vie a été la plus courte. *A.*

3308	4	Mort de MATHUSALEM, huitième patriarche, âgé de 969 ans. C'est l'homme qui a vécu le plus longtemps. *C.* 14. — *A.*
		Déluge universel. *C.* 14. — *A.*
3307		**Noé dans la plaine de Sennaar.**
	6	L'arc-en-ciel donné par Dieu comme signe de son alliance avec Noé et ses enfants.
	5	SEM, premier fils de Noé, est compté comme premier patriarche post-diluvien. *C.* 15. — *A.*
3306		**Noé cultive la vigne. — La race de Cham maudite.**
	7	Naissance d'ARPHAXAD, fils de Sem, deuxième patriarche postdiluvien. *A*
3171	7	Naissance de SALÉ, fils d'Arphaxad, troisième patriarche postdiluvien. *A.*
3041	7	Naissance d'HÉBER, fils de Salé, quatrième patriarche postdiluvien. *A.*
2958	4	Mort de Noé, dixième patriarche antédiluvien, âgé de 950 ans. *A.*
2907	7	Naissance de PHALEG, fils d'Héber, cinquième patriarche postdiluvien. *A.*
2868	4	Mort d'ARPHAXAD, deuxième patriarche postdiluvien, âgé de 438 ans. *A.*

Tour de Babel.— Dispersion des Hommes.— Fondation des Empires.

Les descendants de SEM peuplèrent l'Asie du milieu.— Les descendants de Cham peuplèrent l'Afrique. — Les descendants de Japhet peuplèrent l'Asie septentrionale et l'Europe. *C.* 15. — *A.*

DESCENDANTS DE SEM.

Perses ou Élamites, Syriens ou Araméens, Chinois, Arabes, etc.

		DESCENDANTS DE CHAM.
		Arabes, Chananéens, Sidoniens, Philistins, Abyssiniens, Éthiopiens, Libyens et Ammoniens, Numides et Mauritaniens.
		DESCENDANTS DE JAPHET.
		Mèdes, Scythes, etc., etc. *P. de B.* — *A.*
2808	4	Mort de Sem, premier patriarche postdiluvien, âgé de 600 ans. *A.*
2777	7	Naissance de Réhu, fils de Phaleg, sixième patriarche postdiluvien. *A.*
2738	4	Mort de Salé, troisième patriarche postdiluvien, âgé de 433 ans. *A.*
2698		**L'empire chinois sous Hoang-Ti.**
		La Chine le regarde comme son premier législateur.
2668	4	Mort de Phaleg, cinquième patriarche postdiluvien, âgé de 239 ans. *A.*
2645	7	Naissance de Sarug, fils de Réhu, septième patriarche postdiluvien. *A.*
2640		**Empire de Babylone ou de Chaldée.**
	5	NEMROD, petit-fils de Cham, fondateur. Babylone capitale. *P.* 39.
		Nemrod commence à être puissant sur la terre. Il fut un fort chasseur devant l'Éternel (Genèse).
2637	4	Mort d'Héber, quatrième patriarche postdiluvien, âgé de 404 ans. *A.*
2602	8	La boussole inventée chez les Chinois. *S.* 181.
2540		**Origine de l'Assyrie.**
	5	ASSUR, fondateur. Il sortit de la Chaldée et bâtit plusieurs villes sur le Tigre. *S.* 22. — *P.* 39.
2538	4	Mort de Réhu, sixième patriarche postdiluvien, âgé de 239 ans. *S.* 11.
2515	7	Naissance de Nachor, fils de Sarug, huitième patriarche postdiluvien. *A.*
2500		**L'Arabie** divisée en Arabie de l'Yémen et de l'Hedjaz après la mort de Jectan, qui laissa plusieurs enfants mâles. Deux seulement restèrent en Arabie.

		Jorab eut l'Arabie de l'YÉMEN.
		Jorham eut l'Arabie de l'HEDJAZ. *S.* 89. — *A.*
2450		**L'Égypte sous le gouvernement des rois ou Pharaons.**
		Ménès, premier roi.
		Thèbes, capitale. *S.* 18. — *P.* 17. 18 et 27.
		La fondation de This, de Thèbes et d'Éléphantine remonte à une plus haute antiquité. Memphis fut bâtie par Ménès. Héraclée, Diospolis, Xoïs et Tanis furent fondées par ses successeurs. *A.*
2436	7	Naissance de Tharé, fils de Nachor, neuvième patriarche postdiluvien. *A.*
2415	4	Mort de Sarug, septième patriarche postdiluvien, âgé de 230 ans. *S.* 11.
2397		**Ère cyclique des Chinois.** Chaque cycle est composé de 60 années. Les Chinois font remonter leur chronologie à 81,600 ans avant leur ère historique. *A.*
2367	4	Mort de Nachor, huitième patriarche postdiluvien, âgé de 148 ans. *A.*
2356	7	Naissance d'Abraham, fils de Tharé, dixième patriarche postdiluvien. *A.*
2310		**Invasion des Pasteurs arabes et phéniciens en Égypte.** Salatis, premier roi pasteur (ou Hycsos) de la basse ou moyenne Égypte. Memphis, capitale. La guerre entre les rois Pasteurs et ceux du reste de l'Égypte continua pendant 260 ans. *P.* 21. — *S.* 19.
2296		**Vocation d'Abraham. — Origine des Hébreux.** Abraham se rend dans la terre de Chanaan avec Tharé, son père, Sara, sa femme, Loth, son neveu, et tous leurs serviteurs. *C.* 55. — *A.*
2291	4	Mort de Tharé, neuvième patriarche postdiluvien, âgé de 145 ans.
	6	Abraham arrive à Sichem, dans la terre de Chanaan. *C.* 55. — *A.*
2289	6	Abraham s'établit à Mambré, près de Béthel. Loth va demeurer à Sodome. *C.* 55. — *A.*

2205		**Dynastie Hia en Chine.**
		L'empire, électif jusqu'ici, devient héréditaire.
		YU est le premier empereur de la dynastie Hia. *A.*
2191	4	Mort d'Abraham, dixième patriarche postdiluvien, âgé de 175 ans.
		C. 56. — *A.*
2129		**Isaac bénit Jacob,** douzième patriarche postdiluvien, qui se retire
		en Mésopotàmie pour se soustraire à la colère d'Ésaü. *A.*
		Origine des Iduméens ou Édomites, descendants d'Ésaü. *A.*
2122		**Jacob épouse ses deux cousines, Lia et Rachel,** et, plus
		tard, leurs deux servantes, **Bala** et **Zelpha.** *A.*
2119	7	Naissance de Ruben, premier fils de Jacob et de Lia. *A.*
2118	7	Naissance de Siméon, deuxième fils de Jacob et de Lia. *A.*
2117	7	Naissance de Lévi, troisième fils de Jacob et de Lia. *A.*
2116	7	Naissance de Juda, quatrième fils de Jacob et de Lia.
	7	Naissance de Dan, cinquième fils de Jacob et de Bala. *A.*
2115	7	Naissance de Nephthali, sixième fils de Jacob et de Bala.
	7	Naissance de Gad, septième fils de Jacob et de Zelpha. *A.*
2114	7	Naissance d'Azer, huitième fils de Jacob et de Zelpha.
	7	Naissance d'Issachar, neuvième fils de Jacob et de Lia.
	7	Naissance de Zabulon, dixième fils de Jacob et de Lia. *A.*
2113	7	Naissance de Joseph, onzième fils de Jacob et de Rachel. *A.*
2100		**Jacob reçoit le nom d'Israël,** qu'un ange lui donna. et qui
		passa à sa postérité. *C.* 57. — *A.*
		Réconciliation de Jacob avec Ésaü. Jacob s'établit dans le
		pays du roi de Sichem. *A.*

2107		**L'arménie sous les rois Haïganiens.** *S.* 62. — *A.*
2097	6	Enlèvement de Dina, fille de Jacob, par le fils du roi de Sichem. Pour venger cet outrage, les fils de Jacob massacrent les habitants de Sichem. *C.* 57.
	6	Jacob et sa famille vont demeurer à Béthel. *C.* 57.
2096	7	Naissance de Benjamin, douzième et dernier fils de Jacob et de Rachel. Les douze fils de Jacob sont aussi appelés **les douze patriarches.**
		Joseph est vendu par ses frères et conduit en Égypte. *C.* 57. — *A.*
2093	6	Joseph est jeté en prison, sur une fausse accusation de la femme de Putiphar. *A.*
2092	6	Joseph explique à deux officiers du roi, détenus avec lui, des songes qui se vérifièrent. *A.*
2090		**Joseph**, âgé de 23 ans, devient **gouverneur d'Égypte.** *C* 57.—*A.*
2086	5	Mort d'Isaac, onzième patriarche postdiluvien, âgé de 180 ans. *A.*
2076		**Joseph pardonne à ses frères.**
		Jacob vient s'établir en Égypte, dans la terre de Gessen (pays de Tanis), avec toute sa famille, au nombre de 66 personnes. *C.* 57. — *A.*
2059	4	Mort de Jacob, douzième et dernier patriarche postdiluvien, âgé de 147 ans. *A.*
2050		**Les rois Pasteurs sont chassés de l'Égypte.**
		Toute l'Égypte est réunie sous un seul roi.
		La monarchie devient héréditaire.
	5	Thoutmosis, roi de toute l'Égypte. *S.* 19. — *P.*
2003	9	Mort de Joseph, âgé de 110 ans.

1993		**Fin de la domination des Arabes à Babylone.**
		Premier empire d'Assyrie.
	5	Bélus, roi d'Assyrie, chasse les Arabes de la Babylonie, réunit les deux États et en forme un seul empire. *S*. 22. — *P*. 41.
1990		**Les pyramides et le lac Mœris en Égypte.**
		Myphris ou Mœris en est le fondateur. Les pyramides servaient de tombeaux aux rois. Le lac Mœris recevait les eaux du Nil lorsque l'inondation était surabondante, pour les lâcher sur les terres lorsque l'inondation était insuffisante. *S*. 18. — *P*. 22.
1968		**Mort de Bélus**, roi d'Assyrie.
		Ninus, son fils, lui succède.
		La ville d'Assur prit de lui le nom de Ninive. Ninus fit la conquête de l'Égypte et de l'Asie jusqu'au Tanaïs et à l'Indus. *P*. 41.
1926		**L'Arcadie.**
		Æzée ou Phégée, contemporain de Phoronée, est le premier roi connu. *S*. 43. — *P*. 132.
1920		**Premier âge de la civilisation grecque sous les Pélasges.**
	5	Phoronée, fils d'Inachus, est le fondateur de la domination des Pélasges. *P*. 131.
	6	La ville Phoronique (depuis Argos) était sa capitale.
		La Sicyonie et la Corinthie obéissaient aux Pélasges. *P*. 132.
1916		**Mort de Ninus.**

Sémiramis, sa femme, lui succède.
L'empire d'Assyrie parvint, sous le règne de cette femme prodigieuse, au plus haut degré de puissance et de splendeur. Le palais qu'elle fonda à Van, en Arménie, après en avoir fait la conquête, fut regardé comme une merveille du monde.   *P.* 41.

1900   **Royaume de Mégare, fondé par les Pélasges.**
   5 | Car, fils de Phoronée, fondateur et premier roi.   *S.* 49.

1883   **La Pélasgie,** fondée par les Pélasges. Elle comprenait deux pays connus depuis sous le nom d'Hœmonie ou Thessalie et d'Épire. Le premier fut partagé en trois provinces : la Pélasgiotide, la Phthiotide et l'Achaïe ; le second en deux : la Thesprotie et la Chaonie. *P.* 135.—*P. de B.*

1880   **Royaume de Laconie ou de Sparte, fondé par les Pélasges.**
   5 | Sparton frère ou fils de Phoronée, fondateur.
   6 | Sparte, capitale.   *S.* 40. — *P.* 133.

1874   5 | Ninyas, roi d'Assyrie, succède à sa mère Sémiramis.   *P.* 44.
Décadence de l'empire d'Assyrie, qui comprenait la haute Asie jusqu'au pays des Saces et à l'Indus ; l'Asie Mineure et les côtes du Pont-Euxin jusqu'au Tanaïs ; la Syrie, la Phénicie, la Palestine ou Judée, l'Égypte, la Cyrénaïque et une partie de l'Éthiopie et de la Libye.

1869   **La Béotie** sous les Pélasges.
   5 | Ogygès, premier roi.
   6 | Thèbes, capitale.
L'Attique, conquise par Ogygès, reçoit le nom d'**Ogygie.** *P.* 134.
   6 | Éleusis est fondée par Ogygès.   *P.* 134.

1866   **L'Arcadie** est conquise par les **Pélasges.**
   5 | Pélasgus, fils de Phoronée, y établit la domination des Pélasges.
     S. 43. — *P.* 132.

1850		**La Phocide sous les Pélasges.**
	5	ÉLATUS et PHOCUS partagent la domination de la Phocide.
	6	Élatée est fondée par Élatus. *S. 50.— P. 134.*
1832		**Déluge et tremblement de terre d'Ogygès** en Béotie et dans l'Attique. Une partie des habitants fut engloutie, les autres se sauvèrent sur les montagnes. *P. 131.*
1826		**Une colonie de Pélasges dans l'île de Lesbos.** *P. 140.*
1766		**Seconde dynastie en Chine. Les Chang.** LI-KOUÉ, dernier empereur de la dynastie Hia, est déposé à cause des cruautés qu'il a exercées pendant 52 ans de son règne.
	5	TCHING-TANG, prince de Chang, âgé de 97 ans, est élevé sur le trône impérial. *A.*
1740	5	Second établissement des Grecs dans la Pélasgie (depuis l'Hœmonie ou Thessalie et l'Épire). *C. 135.*
1734	5	Une seconde colonie de Pélasges dans l'île de Lesbos. *C. 140.*
1725		**Persécution des Israélites en Égypte.** Ils étaient condamnés aux travaux les plus durs. Pharaon ordonna même de jeter dans les eaux du Nil tous les enfants nouveau-nés mâles.
		Naissance de Moïse. Exposé sur les eaux du Nil, il fut sauvé par Thermutis, une des filles du roi d'Égypte. *C. 57. — A.*
1700		**La Messénie fondée par les Pélasges.**
	5	POLYCHAON, fils de Lélex, roi de Sparte, et Messène, fille de Triopas, roi d'Argos, gouvernent.
	6	Andamie, leur capitale, et d'autres villes sont fondées par eux. *P. 133.*
1695		**Origine du Latium.**

Une colonie de Pélasges, sous la conduite d'OEnotrus et de Peucétius, vient s'établir en Italie dans le Latium. Leurs descendants prirent le nom d'**Aborigènes**.   *DR*. 6.

1685   **Moïse dans le pays des Madianites**.

Élevé à la cour de Pharaon, il servit avec distinction dans son armée; mais, ayant tué un Égyptien qui maltraitait un Israélite, Moïse se retira dans le pays des Madianites, où il épousa Séphora, fille du roi Raguel ou Jéthro.   *A*.

1645   **Moïse délivre les Israélites** de la **servitude d'Égypte**. — Les **dix plaies** d'Égypte. — La **Pâque** instituée. — Le **Décalogue**, ou les dix Commandements, donné par Dieu sur la montagne de Sinaï. — Le **veau d'or** détruit. — Les **Lévites** consacrés au service du Seigneur.   *C*. 58.— *A*.

1644   **Aaron**, frère de Moïse, devient grand prêtre du peuple d'Israël.   *S*. 16. — *C*. 59.

Le Décalogue fut enfermé dans un coffre en bois appelé **Arche d'alliance**.

La tente, formée d'étoffes précieuses, sous laquelle on conservait l'Arche d'alliance, fut appelée **Tabernacle**.   *A*.

1643   **Sésostris**, le plus célèbre des rois d'Égypte.   *P*. 24.

Second âge de la civilisation grecque. Des colonies d'Égyptiens, de Phéniciens, de Thraces, de Phrygiens et de Crétois apportent successivement en Grèce leur civilisation.   *P*. 141.

Cécrops, premier roi d'Attique, y introduit la civilisation égyptienne. Il institue l'**Aréopage**.

1640 8   Le verre est inventé chez les Tyriens.   *S*. 181.

1635   **Royaume de Lycorie** (près du mont Parnasse) sous **Deucalion**.

		Les traditions plaçaient aux environs du Caucase la domination de Japhet et de Prométhée, dont elles faisaient descendre Deucalion. *P.* 152.
1630	2	Deucalion se met à la tête des Curètes et des Léléges, peuples nommés par la suite Ætoliens et Locriens, et s'empare d'une partie de la Phthiotide (Hæmonie ou Thessalie) sur les Pélasges. *P.* 152.
1605		**Mort d'Aaron.** Éléazar, son fils, lui succède.
		Mort de Moïse, âgé de 120 ans, sur le mont Nébo.
	8	Ses écrits sont la Genèse, l'Exode, le Lévitique, les Nombres et le Deutéronome. C'est le Pentateuque ou les 5 premiers livres de l'Ancien Testament.
	5	Josué succède à Moïse.
	1	Prise de Jéricho. *C.* 60. — *A.*
1600		**Conquête** définitive de la **Terre promise** par **Josué.** *C.* 61. — *A.*
		Sidon devient la capitale de la **Phénicie.** *C.* 118. — *P. de B.*
		Les **Sicules**, les **Liburnes**, les **Hénètes** ou **Vénètes** et les **Dalmates**, peuples illyriens (Slaves), arrivent **en Italie.** *DR.* 6.
1597		**Partage** de la **Terre promise** entre les douze tribus du peuple d'Israël. Celle de Lévi, consacrée au service du Seigneur, n'eut point de terres; mais les deux tribus de Manassé et d'Éphraïm, fils de Joseph, reçurent chacune sa part. *C.* 61, *An.*
1594	5	Cranaüs, roi d'Athènes, succède à Cécrops. *S.* 44.
1590		**Déluge de Deucalion.** Il engloutit une partie de la population des contrées où régnait Deucalion. *P.* 142.
1585	5	Amphictyon, roi d'Athènes, succède à Cranaüs. *S.* 44.
1580		**Mort de Josué**, âgé de 110 ans. Les **Israélites sous le gouvernement des Anciens.**
		Cadmus (Phénicien) devient roi de Thèbes en Béotie. **Civilisation phénicienne en Grèce.**

Colonie égyptienne à Mégare.   *P. 144.*

Hellen succède à son père Deucalion. **Origine des Hellènes.**
     P. 152, P. de B.

Conseil amphictyonique des Thermopyles.   *P. 142-159.*

Jeux et combats panathéniens à Athènes.   (*M. de P.*)

Colonie et civilisation des Thraces en Grèce.

8| Linus et Amphion (Thraces), premiers poëte et musicien en Grèce.
     P. 151-158.

1579| **La Lydie** ou **Mæonie** sous les Atyades.

3| Manès ou Mœon, premier roi. Lydus, quatrième roi, donna son nom
à la Lydie.   *C. 100.*

6| Manesium fut fondée par Manès.   *C. 99.*

La Phrygie sous les rois Midas et Gordius. Son origine remonte à
une époque fort reculée.   *S. 28.*

1577| **Origine** de **Lacédémone.** Lacédémon, roi de Sparte, bâtit une
autre ville qu'il appela de son nom Lacédémone. Il paraît que ces deux
villes se fondirent par la suite, et n'en formèrent qu'une seule, qu'on
appelait tantôt Sparte, tantôt Lacédémone.   *P. 147.*

1572| **Colonie et civilisation égyptiennes à Argos. Danaüs**
(Égyptien) devient roi d'Argos.

8| Le Pentécontore, un de ses vaisseaux, conduit par cinquante rameurs,
servit de modèle à la marine grecque.   *S. 35. — P. 145.*

1568| **Royaume de Troie.**

5| Dardanus, premier roi.

Tros, son petit-fils, donna son nom aux Troyens.   *S. 27. — C. 96.*

1562| **Fin du gouvernement des Anciens.**

Première servitude des Israélites sous Chuzan, roi de Mésopo-
tamie.   *C. 62.*

1554		**Les Israélites sous le gouvernement des Juges.**
	5	Othoniel fut le premier juge qui délivra les Israélites de la servitude du roi de Mésopotamie. Il les gouverna pendant 40 ans. *C.* 63.
	8	Phinées, grand prêtre, l'auteur supposé du livre de Josué, qui fait suite, dans la Bible, au Pentateuque de Moïse, vivait vers cette époque.
1520		**Utique**, ville maritime d'Afrique, fondée par une colonie de Phéniciens. *C.* 123.
1514	4	Deuxième servitude des Israélites sous Églon, roi des Moabites, après la mort d'Othoniel. *C.* 63.
1500		**Une tribu ibérienne** ou espagnole de Sicaniens en **Italie**. Elle se répand dans la Ligurie, la Campanie, la Corse et la Trinacrie (Sicile). D'eux, cette île prend le nom de **Sicanie**. *P.* 240. — *DR.* 6.
		L'île de Crète sous Minos 1. **Civilisation des Crétois en Grèce.** *P.* 150.
	8	Monnaies d'or et d'argent, inventées chez les Lydiens. *S.* 181.
1496	5	Anod ou Aod, juge, délivre les Israélites de la deuxième servitude des Moabites, et les gouverne pendant 80 ans. *C.* 63.
1451		Janus est le premier roi du Latium dont le nom soit connu. *S.* 68.
1440		**Domination des Hellènes en Grèce.** Hellen laissa trois fils, Dorus, Æolus et Xuthus. Les fils de Xuthus furent Achæus et Ion. Leurs descendants, les **Doriens, Æoliens, Achéens** et **Ioniens**, étendent leur domination en Grèce, tantôt chassant, tantôt s'incorporant les Pélasges. *S.* 51. — *P.* 152 à 155, 230 à 231. — *P. de B.*
1431		**Royaume de Mycènes et d'Argos.**
	5	Persée, roi d'Argos, bâtit Mycènes et prend le titre de roi de Mycènes et d'Argos. *S.* 36. — *P.* 146.
1420		**Cyrène**, ville d'Afrique, fondée par une colonie grecque. *P.* 184.
1416	5	Samgar, juge des Israélites, succède à Ahod.

	4	Troisième servitude des Israélites sous Jabin, roi des Chananéens, après la mort de Samgar. *C. 64.*
1400	6	Ephyre (Corinthe) fondée par Sisyphe, fils d'Æolus. *P. de B.*
1396	5	Barac, juge, conduit par la prophétesse Débora, qui jugeait les Israélites entre Rama et Béthel, délivre le peuple d'Israël de la troisième servitude de Jabin, roi chananéen, et le gouverne pendant 40 ans. *C. 64.*
1392		**Origine de la Macédoine.**
		Une colonie de Pélasges, chassés de l'Histiæotide par les Cadméens, s'établit dans le Pinde sous le nom de Macednes ou Macédones. *P. 155. — C. 331.*
1380		**Colonie et civilisation de Phrygiens et de Lydiens en Grèce.**
		Pélops, fils de Tantale, prince de Sipyle, ville située entre la Phrygie et la Lydie, aborde dans la Phthiotide avec une partie de ses sujets asiatiques, et apporte en Grèce la civilisation des Phrygiens et des Lydiens. *P. 148.*
1362		**Origine du Péloponnèse.**
	5	Pélops passe en Élide, épouse la fille du roi de Pise, s'empare du royaume de son beau-père et étend sa domination jusqu'en Laconie.
	6	Leuctres et d'autres villes sont fondées par Pélops. *P. 148. — P. de B.*
1356	4	Quatrième servitude des Israélites sous les Madianites. *C. 64.*
1349	5	Gédéon, juge, détruit dans une nuit, avec 300 hommes, l'armée des Madianites, délivre les Israélites de la quatrième servitude, et les gouverne pendant 40 ans. *C. 64. — A.*
1334	1	Prise de Troie par Hercule, héros grec. Le roi Laomédon est mis à mort avec tous ses enfants, à l'exception de Priam, qu'Hercule fait monter sur le trône. *C. 98.*

1330		**Temps héroïques de la Grèce.** Exploits d'Alcide, surnommé **Hercule.** Expédition des **Argonautes** en Colchide sous la conduite de Jason. **Colonies grecques sur le Pont-Euxin.**
	5	Colonie de Pélasges arcadiens dans le Latium, sous la conduite d'É-vandre. Elle fonde Pallantium. *P.* 165, 183.

Première période des lettres, des sciences et des arts en Grèce.

Poésie fabuleuse, hymnes, prières.

	8	Orphée de Thrace, célèbre poëte et chantre grec.
	8	Musée d'Athènes, disciple d'Orphée.
	8	Chiron (de l'Hæmonie), premier médecin grec. *C.* 508. *P.* 190-192.
		Royaume de Bithynie. Amicus, premier roi connu. *S.* 67.
1323		**Thésée,** fils d'Egée, fonde la grandeur d'**Athènes.** Il réunit les douze bourgs bâtis par Cécrops et par les Ioniens, établit le gouvernement populaire, et ne réserve à la royauté d'autre prérogative que le commandement de l'armée et le maintien des lois. *P.* 171.
		Jeux et combats Isthmiques, institués par Thésée dans l'Isthme, en l'honneur de Neptune.
1315	5	ŒDIPE, roi de Thèbes, en Béotie, est chassé par ses fils, Étéocle et Polynice. *P.* 173.
1313		**Guerre de Thèbes.**
		POLYNICE, roi de Thèbes, est dépouillé par Étéocle, son frère. Sept chefs vont le rétablir. Ils périssent tous au siége de Thèbes, à l'exception d'Adraste.
	5	Créon gouverne à Thèbes comme tuteur de Laodamas, fils d'Étéocle.
		Jeux et combats Néméens, institués par les chefs grecs dans leur passage par la forêt de Némée. *P.* 173, 174.

2

1309	5	Abimélech, juge du peuple d'Israël, succède à son père Gédéon. *C.* 64.
1307		**Les Pélopides** (fils de Pélops, dont les plus connus furent Atrée et Thyeste) étendent leur domination sur tout le **Péloponèse**. *P.* 148.
		Les Héraclides, chassés du Péloponnèse, se retirent parmi les Doriens. *P.* 172.
		Guerre des Épigones. Les fils des sept chefs grecs rétablissent l'hersandre, fils de Polynice, comme roi de Thèbes.
		Les Cadméens, chassés de Thèbes, se retirent en Illyrie et dans l'Histiæotide (Hæmonie). *P.* 174.
1306		Thola, juge du peuple d'Israël, succède à son neveu Abimélech. *C.* 65.
1301		Esculape, prince hæmonien (Thessalien), qui vivait dans le quatorzième siècle, donna les premières notions de la médecine. Il fut mis au rang des dieux. Ses descendants, les Asclépiades, se partagèrent en deux écoles rivales, celle de Cnide et celle de Cos. *C.* 516.
1295	5	Une colonie de Crétois vient s'établir dans la Sicanie (Sicile), à l'endroit appelé depuis Minoa, du nom de Minos II, roi de Crète.
	5	Cocalus, un des plus fameux rois des Sicaniens, régnait alors sur l'île entière.
	6	Camicus était sa capitale. *P.* 240. — *A.*
1293		**Thésée**, roi d'Athènes, **est déposé**, Ménesthée est proclamé roi.
		L'enlèvement de Proserpine, fille d'Aidonée, roi des Molosses, et celui d'Hélène, fille de Tyndare, qui attira sur Athènes les terribles représailles de Castor et de Pollux, frères d'Hélène, furent les causes de la déposition de Thésée, qui alla mourir à Scyros. *P.* 172.
1289		**Origine de la Sicile, ancienne Trinacrie ou Sicanie.** Les Sicules, chassés d'Italie par les Aborigènes, passent dans la Sicanie et s'emparent des terres les plus fertiles de l'île. Siculus était leur roi. D'eux, la Sicanie prit le nom de Sicile. *P.* 240. — *DR.* 6.

| 1283 | 5 | Jaïr, juge du peuple d'Israël, succède à Thola. | A. |

La Chersonèse de Thrace.

Polymnestor, premier roi connu.
L'origine de la Chersonèse de Thrace remonte à une antiquité plus reculée.   A.

Rhodes sous les Héraclides.   P. 183.

Tlépolème, fils d'Hercule, devient roi.

Guerre de Troie. Les Grecs assiégent Troie, sous la conduite d'Agamemnon. Parmi les chefs, on remarque Achille, les deux Ajax, Diomède, Ulysse, Nestor, Ménélas, Philoctète, Idoménée, etc. P. 174.—P. de B.

Seconde période des lettres, des sciences et des arts en Grèce. Poésie héroïque, poésie lyrique. Les poëtes, rhapsodes, arrangeaient des hymnes que l'on chantait dans les solennités nationales.
C. 509.

Prise et destruction de Troie.   P. 175.

Révolution en Grèce. Plusieurs **colonies grecques** vont s'établir **dans l'Italie méridionale.** Elles fondent Locres, Bénévent, etc.

Une colonie de Troyens en Italie, dans le pays des Vénètes, sous la conduite d'Anténor.   DR. 6.

Salamine, ville de **Chypre,** fondée par **Teucer.**   P. 183.

Origine de la Thessalie. Philippus, fils de Thessalus, de Cos, établit la domination des Héraclides dans la Thesprotie et appelle ses sujets Thessaliens.   P. 177.

Royaume d'Épire, fondé par Pyrrhus ou Néoptolème, fils d'Achille.   A.

Une seconde colonie de Troyens en Italie, dans le Latium, sous la conduite d'Énée.   DR. 6.

	6	Pise, ville d'Italie, fondée par une colonie de Grecs Æoliens. *P. de B.*
1263	5	Orestes, roi de Mycènes et d'Argos, fils d'Agamemnon, ressaisit la couronne en assassinant l'usurpateur Égisthe et Clytemnestre, sa propre mère, qui avaient fait tuer Agamemnon à son retour du siége de Troie. *P.* 176.
1261	4	Cinquième servitude des Israélites sous les Ammonites. *C.* 65.
1259		**Carthage**, ville maritime d'Afrique, fondée par une colonie de Phéniciens. *C.* 123.
1243	5	Jephté, juge, délivre les Israélites de la cinquième servitude des Ammonites, et les gouverne pendant 6 ans.
	9	Il sacrifie sa fille unique pour accomplir un vœu qu'il avait fait d'offrir au Seigneur en holocauste, s'il revenait victorieux, le premier être vivant qui sortirait de sa maison pour aller au-devant de lui. *C.* 65. — *A.*
1237	5	Abesan, juge du peuple d'Israël, succède à Jephté. *C.* 65.
1231	6	Carthage agrandie par une colonie de Phéniciens. *C.* 123.
1230	3	Ahialon, juge du peuple d'Israël, succède à Abesan. *A.*
1220	5	Abdon, juge du peuple d'Israël, succède à Ahialon.
	8	Ruth se fait remarquer par sa piété filiale envers Noémi, sa belle-mère. Booz, touché de ses vertus, la prend pour épouse. Le saint roi David fut leur arrière-petit-fils. *C.* 65. — *A.*
1219		**La Lydie sous les Héraclides.**
	5	Argon, chef de cette dynastie, s'empare du trône des Atyades. *C.* 101.
1212	4	Sixième servitude des Israélites sous les Philistins, après la mort d'Abdon. *C.* 65.
1210		**Les Thessaliens** étendent leur domination sur toute l'Hæmonie. D'eux, le pays prit le nom de **Thessalie**.
		Les Cadméens, chassés de l'Hæmonie, **rentrent à Thèbes** avec les Æoliens d'Arnée. Ils contraignent les Pélasges à sortir de leur territoire et à se retirer à Athènes. *P.* 178.

1190	**Conquête du Péloponnèse par les Doriens et les Héraclides.** Toute la Grèce prend le nom d'**Hellade.** Une **religion nationale** remplace les cultes locaux. *P.* 180-193.
	Les Æoliens, chassés de la Messénie, de l'Épidaure et de Corinthe, se réfugient **dans l'Attique.**
5	Mélanthus, un des chefs messéniens, devient roi d'Athènes.
8	Alcmæon, Pisistrate et les fils de Pæon y occupent le premier rang. *P.* 181.
	Moyen âge des Grecs. *P.* 192, 204.
1189	**L'Æolie, dans l'Asie Mineure,** fondée par les Æoliens de l'Hæmonie. Ils fondèrent Halicarnasse, Smyrne, Magnésie, etc.; et occupent les îles de Lesbos, de Ténédos, etc. Plus tard les Ioniens leur ayant enlevé Smyrne et Magnésie, l'Æolie ne s'étendait que depuis le fleuve Hermus jusqu'au Cysique. *P.* 230.
1188	**L'Achaïe (au nord du Péloponnèse)** fondée par les Achéens, qui, chassés de la Laconie et de l'Argolide par les Doriens, chassent à leur tour les Ioniens de l'Ægialus, et s'y établissent.
	Les Ioniens passent **dans l'Attique** et la rendent bientôt ionienne de nom et de fait. *P.* 181.
1186	**Deux rois à Sparte.** *P.* 213. — *A.*
	Les Doriens, qui s'établirent à Sparte, prirent le nom de Spartiates.
5	Eurysthènes et Proclès, frères jumeaux, deviennent les souches des deux branches de rois.
	Sous le règne d'Agis, leur second roi, les Spartiates rendent les Laconiens sujets, les Hilotes (habitants d'Hélos) esclaves.
1173	**La Sicile sous les fils d'Æolus,** roi de l'île de Lipari. Les Sicaniens et les Siciliens, qui se faisaient une guerre cruelle, mettent bas les armes et choisissent pour rois les fils d'Æolus, qui régnèrent en Sicile pendant plusieurs générations. *A.*

1172	5	Samson, juge, délivre le peuple d'Israël de la sixième servitude des Philistins, et les gouverne pendant 20 ans. Il était d'une force tellement extraordinaire, qu'à l'âge de 17 ans il déchira un lionceau, et qu'avec une mâchoire d'âne il extermina 1,000 Philistins. *C. 65. — A.*
1160	5	Corinthe passe sous la domination des Hellènes Doriens et des Héraclides. *S. 39.*
1158		**Abel-la-Longue, métropole du Latium**, est fondée par Ascagne, fils d'Énée, qui épousa Lavinie, fille de Latinus, roi du Latium. *DR. 7.*
1152	4	Mort de Samson. Trahi par Dalila, qui lui fit couper les cheveux, Samson fut pris par les Philistins. Il eut les yeux crevés. Lorsque ses forces commencèrent à revenir avec ses cheveux, il écrasa sous les ruines d'un temple dont il secoua les colonnes 3,000 Philistins; lui-même y périt. *C. 66.—A.*
	5	Héli, grand prêtre, succède à Samson.
1132	1	Les Doriens font la guerre aux Athéniens.
	4	Codrus, roi d'Athènes, se dévoue. Les Doriens rentrent dans le Péloponnèse.
		La royauté abolie à Athènes, l'archontat perpétuel institué.
	5	Médon, fils de Codrus, premier archonte. *P. 182-220.*
		La Doride, dans l'Asie Mineure, fondée par les Doriens. Elle comprenait les côtes de la Carie, les îles de Rhodes et de Cos. *P. 231.*
1131	5	Une colonie de Grecs Doriens dans l'île de Crète. Ils y fondent dix villes et donnent à l'île le nom d'Hécatompolis, de cent villes qu'elle contenait. *P. 237.*
1130		**L'Ionie, dans l'Asie Mineure**, fondée par les Ioniens, qui enlèvent aux Æoliens Smyrne et Magnésie. L'Ionie s'étendait depuis le fleuve Hermus jusques et y compris Milet. Les îles de Chios et de Samos en firent partie. *P. 230.*

1122		**Troisième dynastie en Chine. Les Tcheou.** Chiou-Sin, dernier empereur de la dynastie Chang, vaincu par une ligue qui s'était formée contre lui, se donne la mort.
	5	Ou-Ouang, prince de Tcheou, chef de la ligue, est proclamé empereur. *A.*
1112	5	Interrègne chez les Israélites, après la mort du juge Héli. *A.*
	6	L'arche d'alliance, qui, dans une bataille, fut prise par les Philistins, est renvoyée sur un char attelé de deux vaches, sans conducteur. Elle fut déposée à Gabaa, sur le territoire de Cariathiarim, dans la maison d'Abinadab. *C. 66. — A.*
1109	8	Le gnomon inventé chez les Chinois. *S. 181.*
1105		**Origine de Cumes et de Naples.** Cumes, ville d'Italie, reçut son nom des Grecs CUMÉENS de l'Æolie, qui vinrent s'y établir. Dans les trois siècles suivants, Cumes donna elle-même naissance à Naples. *P. 242.*
1092	5	Samuel, prophète et grand prêtre d'Israël, commence à exercer les fonctions de juge à Maspha.
	1	Il remporte une victoire signalée sur les Philistins, qui n'osent plus l'attaquer. *C. 67.*
1080		**Les Israélites sous le gouvernement des rois.** Saül, de la tribu de Benjamin, premier roi. *C. 67.*
	2	Saül prend plusieurs villes aux Philistins. *A.*
		Tyr l'Ancienne devient la **capitale de la Phénicie.** Abibal, remier roi. *C. 121.*
1070		**Royaume de Sobah ou Sophène en Syrie.** Rohob, premier roi connu. *C. 94.*
1060	1	Jonathas, fils de Saül, remporte sur les Philistins une victoire éclatante. *C.69.*

1054	4	Saül extermine les Amalécites. Leur roi Agag, épargné par Saül contre l'ordre du Seigneur, est mis à mort par Samuel. *C.* 70. — *An.*
1051	6	David, fils d'Isaï (arrière-petit-fils de Booz et de Ruth), que Dieu a choisi pour succéder à Saül, est secrètement élu et sacré par Samuel. *C.* 70. — *A.*
1050	6	David, habile joueur de harpe, est appelé à la cour de Saül pour calmer les agitations auxquelles l'âme de ce dernier était en proie, depuis qu'il avait péché contre le Seigneur. David retourne bientôt chez son père. *D.* 70. — *A.*
1048	1	Guerre des Philistins contre les Israélites.
	8	David tue Goliath, géant philistin de dix pieds et demi de hauteur. L'armée des Philistins prend la fuite. David reçoit en récompense le commandement d'un corps de 1000 hommes et la fille de Saül pour épouse. *C.*70.—*A.*
1047	1	David remporte une victoire éclatante sur les Philistins, ce qui lui attire la jalousie et les persécutions de Saül. *C.* 70. — *A.*
1042	9	Mort de Samuel, âgé de 98 ans. *A.*
1041	6	David se retire auprès d'Achis, roi de Geth, pour se soustraire aux persécutions de Saül, qui attentait à ses jours. *C.* 71. — *A.*
1040	4	Saül, vaincu par les Philistins sur le mont Gelboé, se donne la mort. *C.* 71. — *A.*
	5	David est proclamé roi par la tribu de Juda.
	5	Isboseth, fils de Saül, est proclamé roi par les autres tribus. *C.* 72.—*A.*
	1	Guerre des deux rois.
		Royaume de Hamath ou d'Émèse en Syrie. Tohi, premier roi connu. *C.* 96.
1033	4	Isboseth est assassiné par deux de ses officiers, qui apportent sa tête à David; mais, au lieu de la récompense qu'ils attendaient, le roi les fit mettre à mort.

	5	David est reconnu roi par toutes les tribus. *C.* 72. — *A.*
1032	2	David se rend maître de Jérusalem, qui était restée au pouvoir des Jébuséens, ancienne tribu de Chanaan.
		Jérusalem devient la capitale du royaume d'Israël. *C.* 72.
1030		**Royaume de Damas en Syrie.** Rézom en est investi par David. *C.* 94. — *S.* 26.
		Royaume de Gessur en Syrie. Tholmaï est le premier roi connu. *C.* 96. — *S.* 27.
		Fin du royaume de Sobah ou Sophène. David en fait la conquête et étend ainsi sa domination jusqu'à l'EUPHRATE. *C.* 94.
1028	6	L'arche d'alliance est transportée de Cariathiarim à Jérusalem. *C.* 72.
		David, vainqueur des Philistins et des Moabites, leur enlève plusieurs villes et leur impose un tribut. *C.* 73.
		Il fait ensuite la conquête de l'Idumée. *A.*
	6	Élath et Aziongaber, villes iduméennes sur la mer Rouge, deviennent ses principaux ports. *A.*
1024	2	David fait la conquête du pays des Ammonites. *C.* 73. — *A.*
		Le royaume d'Israël dans sa plus grande étendue. Il s'étendait depuis l'Euphrate jusqu'à la mer Rouge.
	6	Crimes de David. Il épouse Bethsabée, femme d'Urie, qu'il a fait périr dans la guerre contre les Ammonites. *C.* 73. — *A.*
1012	1	Révolte et mort d'Absalon, fils de David et de Maacha. Vaincu par Joab, général de David, dans la forêt d'Éphraïm, il périt dans sa fuite, de la main du général victorieux. David pleura amèrement son fils rebelle. *C.* 74. — *A.*
1001		**Mort de David,** roi d'Israël, âgé de 70 ans.
		Il fut l'auteur des Cantiques, des Hymnes et des Psaumes que l'Église redit encore aujourd'hui.

Salomon, le plus jeune fils de David et de Bethsabée, âgé de 16 ans, succède à son père. Il commence son règne par des actes de rigueur.

8 | Jugement de Salomon.   *C*. 75. — *A.*

1000 | **Royaume de Mauritanie.** Son origine remonte à la plus haute antiquité.

5 | Ammon est le premier roi connu.

6 | Tingis (Tanger), capitale.   *S.* 32. — *A.*

998 | **Construction du temple de Jérusalem**, sur la montagne de Moria et sur la place même où Abraham s'était résigné à immoler son fils Isaac. Hiram, roi de Tyr, fournit à Salomon du bois de cèdre et de sapin coupé sur le mont Liban.   *C.* 76. — *A.*

991 | **Dédicace du temple de Jérusalem.**

6 | Fondation de Palmyre ou Thadmor et d'un grand nombre d'autres villes.

6 | Construction d'une flotte sur la mer Rouge. Elle fait le commerce avec l'Inde.   *C.* 76. — *A.*

Splendeur du royaume de Salomon.

977 | 6 | La reine de Saba vient du fond de l'Arabie pour voir et admirer Salomon.   *An.*

976 | 6 | Salomon est entraîné à l'idolâtrie par des femmes étrangères qu'il avait épousées.   *C.* 76. — *An.*

962 | **Mort de Salomon.** Ses ouvrages sont le Cantique des cantiques, les Proverbes, des Prières et des Psaumes.

Schisme des dix tribus.

Royaume de Juda.

5 | Roboam, fils de Salomon, roi de deux tribus.

6 | Jérusalem, capitale.

Royaume d'Israël.

5 | Jéroboam, roi des dix tribus.

	6	Sichem, puis Thersa, et enfin Samarie, capitale. Jéroboam érige des veaux d'or, qu'il fait adorer sous le nom de Dieu d'Israël, mais il conserve la loi de Moïse. *C.* 86. — *A.*
960	5	Hézion, roi de Damas, succède à Rézom. *C.* 94. — *S.* 26.
	8	Ahias, prophète, vivait vers cette époque. *S.* 15.
959	6	Roboam, roi de Juda, tombe dans l'idolâtrie et y entraîne son peuple. *A.*
958	1	Sésac, roi d'Égypte, attaque Roboam, roi de Juda, prend Jérusalem, pille le temple et le palais du roi, et se retire chargé de butin. *A.*
946	5	Abiam, roi de Juda, succède à son père Roboam. Il marche dans la voie impie de son père. Avec 400,000 hommes, il remporta une victoire sur Jéroboam, roi d'Israël, qui vint l'attaquer avec 800,000 hommes. *C.* 86. — *A.*
	8	Addo et Séméias, prophètes, vivaient vers cette époque. *S.* 15.
945	5	Labremon, roi de Damas, succède à Hézion. *S.* 26.
944	5	Asa, roi de Juda, succède à son père Abiam.
	8	Maacha, son aïeule, gouverne le royaume pendant sa minorité et y introduit le culte de l'idolâtrie. *C.* 86. — *A.*
943	5	Nadab, roi d'Israël, succède à son père Jéroboam. Il fut aussi méchant que lui. *C.* 86. — *A.*
942	5	Baaza, de la tribu d'Issachar, s'empare du trône d'Israël, après avoir mis à mort Nadab. Il extermine toute la famille de Jéroboam, ce qui ne l'empêche pas d'imiter son impiété. Durant tout son règne, Baaza fut en état de guerre avec le roi de Juda. *C.* 86. — *A.*
940	9	Jéhu, prophète, est mis à mort par ordre de Baaza, roi d'Israël, pour lui avoir prédit la ruine de sa postérité. *S.* 15. — *A.*
936	6	Asa, roi de Juda, parvenu à sa majorité, rétablit le culte du Seigneur. *C.* 86. — *An.*
935	1	Zara, roi d'Éthiopie, envahit la Judée avec un million d'hommes. Asa marche au-devant de lui, le défait, et revient triomphant à Jérusalem. *A.*

926	5	Ben Hadad I, roi de Damas, succède à son père Labremon. *C.* 94.—*S.* 26.
	1	Baaza, roi d'Israël, envahit la Judée. Ben Hadad I, à qui Asa envoya tout l'or et l'argent qui se trouvaient dans les trésors du temple et du palais, tourne ses armes contre Baaza et le force à évacuer la Judée. *A.*
919	5	Éla, roi d'Israël, succède à son père Baaza. *C.* 86.
918	5	Zamri, général d'Éla, se fait proclamer roi d'Israël, après avoir mis à mort Éla, ainsi que toute la race de Baaza. Assiégé à Thersa, par Amri, il se donne la mort après 7 jours de règne. *C.* 86. — *A.*
	5	Amri est reconnu roi d'Israël par la moitié des Israélites; l'autre moitié se déclare pour Thebni. *A.*
914	5	Amri est reconnu roi d'Israël par toutes les tribus, après la mort de Thebni.
	6	Samarie, fondée par Amri, devient la capitale de son royaume. *C.* 87.—*A.*
907	3	Achab, roi d'Israël, succède à son père Amri. Il épousa Jézabel (fille d'Éthbal, roi de Tyr), qui introduisit à Samarie le culte de Baal et d'autres divinités phéniciennes. Achab surpassa tous les rois d'Israël en impiété. Il fit condamner à mort Naboth, pour usurper sa vigne. *C.* 87. — *A.*
	8	Élie, un des plus célèbres prophètes, préchait sous son règne. *A.*
906	8	Homère, le plus célèbre poëte grec, né à Smyrne ou Chio, en Asie Mineure, fleurit vers cette époque. Ses ouvrages, l'ILIADE et l'ODYSSÉE, sont les plus parfaits modèles de la poésie héroïque (épopée). *P.* 234.—*C.* 510.
904	5	Josaphat, roi de Juda, succède à son père Asa. Il fut chéri de son peuple et respecté de ses voisins. Célèbre par sa piété, Josaphat ramena son peuple à l'observation exacte des lois de Moïse. Il triompha des Moabites et des Ammonites qui vinrent l'attaquer. *C.* 87. — *A.*
903	8	Élie le prophète confond les prêtres de Baal devant Achab, roi d'Israël, et les fait égorger par le peuple au pied du mont Carmel, au nombre de 450. Jézabel jure la perte d'Élie. *C.* 87. — *A.*

900	5	Ben Hadad II, le plus célèbre des rois syriens de Damas, succède à son père Ben Hadad Ier. *C.* 94.
	8	Hésiode, célèbre poëte grec, originaire de l'Asie Mineure, né à Ascra en Béotie, vivait vers cette époque. *S.* 171. — *P.* 200. — *C.* 510.
898	5	Lycurgue devient roi de Sparte après la mort de son frère Polydecte; mais il se démit de la couronne aussitôt que la veuve de Polydecte eut donné le jour à un fils. Lycurgue voyagea ensuite à l'étranger. *S.* 42. — *A.*
892	1	Ben Hadad II, roi syrien de Damas, vient, avec trente-deux rois ses alliés, attaquer Samarie. Ils sont mis en fuite et entièrement défaits par Achab. *C.* 94. — *A.*
891	1	Ben Hadad II livre une seconde bataille au roi d'Israël, dans la plaine d'Aphec. Achab lui tue 100,000 hommes et remporte sur lui une victoire complète.
	6	Le roi de Syrie se reconnaît tributaire du roi d'Israël. *C.* 95. — *A.*
888	1	Achab et Josaphat, qui s'étaient unis contre les Syriens révoltés, sont battus par Ben Hadad II, près de Ramoth de Galaad. *C.* 87. — *A.*
	5	Ochosias, roi d'Israël, succède à son père Achab, qui périt dans cette journée.
	6	Ben Hadad II s'affranchit du joug des rois d'Israël. *C.* 95. — *A.*
887	5	Joram, roi d'Israël, succède à son frère Ochosias. *C.* 87.
	9	Élie le prophète enlevé au ciel dans un char de feu.
	8	Élisée, son disciple, prophétise et fait des miracles comme son maître. *A.*
884		**Les jeux Olympiques rétablis en Grèce par Iphitus,** roi d'Élide. On les célébrait tous les quatre ans, pendant cinq jours, dans les plaines d'Olympie, en l'honneur de Jupiter. Des prix étaient décernés pour la course, le saut, la lutte, le pugilat et le disque, ou pour ces cinq exercices réunis, ce que l'on appelait le PENTATHLE. *P.* 506. — *A.*

880	5	Joram, roi de Juda, succède à son père Josaphat. Pour s'affermir sur le trône, il fait périr tous ses frères.
	6	Athalie, sa femme, fille d'Achab et de Jézabel, lui fait imiter l'impiété des rois d'Israël. *C. 87. — A.*
879		**Les Iduméens** se révoltent contre le roi de Juda et **recouvrent leur indépendance.** *A.*
878	1	Irruption des Philistins et des Arabes dans la Judée. Ils s'emparent de Jérusalem, enlèvent toutes les richesses du roi et emmènent captifs ses femmes et tous ses enfants, excepté son plus jeune fils. *C. 87. — A.*
877	5	Ochosias, roi de Juda, succède à son père Joram; il ne régna qu'un an. *C. 87.*
876	5	Hazaël, roi de Syrie (Damas), monte sur le trône, après avoir mis à mort Ben Hadad II. *C. 95.*
	1	Ochosias et Joram s'allient contre Hazaël et assiégent Hamoth de Galaad.
		Jéhu s'empare du trône d'Israël, après avoir mis à mort Joram et Jézabel, ainsi qu'Ochosias, roi de Juda.
	5	Athalie, mère d'Ochosias, s'empare du trône de Juda. *C. 87. — A.*
870	5	Joas, roi de Juda, fils d'Ochosias (âgé de 7 ans), est placé sur le trône par le grand prêtre Joïada.
	4	Athalie, son aïeule, qui avait fait périr les autres enfants d'Ochosias, est mise à mort. Le temple de Baal, qu'elle avait bâti, est détruit.
	6	Tant que vécut Joïada, Joas fut un modèle de justice et de piété. *C.87.—A.*
866		**Lycurgue, législateur des Spartiates.** Sa constitution: deux rois héréditaires; un sénat de 28 vieillards à vie ; l'assemblée du peuple adopte ou rejette les décisions du sénat. L'éducation est toute guerrière. L'étude des sciences et des arts est interdite. Les repas se font en commun. Les Hilotes demeurent esclaves. *P. 213.*

860		**Carthage est agrandie par Didon**, qui, fuyant la tyrannie de son frère Pygmalion, roi de Tyr, y arriva avec une colonie de phéniciens et des trésors très-considérables. *C*. 123.
850	8	Miché, fils de Jemla, prophète, prêchait vers cette époque. *S*. 16.
		Royaume de Numidie.
	5	Jarbas, premier roi connu.
	6	Cirthe (Constantine), capitale.
848		L'origine de la Numidie remonte à la plus haute antiquité.*S*. 32.—*A*.
	5	Joachas, roi d'Israël, succède à son père Jéhu. Il mêle, comme son père, le culte du veau d'or à celui du vrai Dieu.
	2	Sous son règne, Hazaël, roi de Syrie (Damas), accabla le peuple d'Israël de toutes sortes de maux et s'empara de plusieurs villes. *C*. 88.
840	9	Après la mort de Joïada, Joas, roi de Juda, avait foulé aux pieds la justice et la religion. Le grand prêtre Zacharie, fils de Joïada, qui l'exhortait au repentir, est lapidé dans le temple sous ses yeux.
	1	Hazaël entre dans le royaume de Juda et le livre à toutes les horreurs de la guerre. *C*. 87.— *A*.
	8	La peinture monochrome inventée par Cléophante de Corinthe.*S*.181.
833	5	Ben Hadad III, roi de Damas, succède à son père Hazaël. Il laissa déchoir la Syrie du degré de puissance à laquelle son père l'avait élevée. *C*. 95.
832	5	Joas, roi d'Israël, succède à son père Joachas.
	2	Il reprit sur Ben Hadad III, roi de Syrie, toutes les villes que son père Hazaël, avait conquises. *C*. 88. — *A*.
831	5	Amasias, roi de Juda, succède à son père Joas, qui fut assassiné par deux de ses officiers.
	1	Il remporta des victoires sur les Iduméens et fut battu par Joas, roi d'Israël. *C*. 87.

820	5	La royauté abolie à Argos. L'oligarchie instituée. *P.* 206.
817	5	Jéroboam II, roi d'Israël, succède à son père Joas.
	2	Il enlève aux Syriens tout le pays depuis Hamath jusqu'à la mer Asphaltite.
	8	Jonas, Osée, Amos et Abdias, prophètes célèbres, paraissent sous son règne. Un monstre marin engloutit Jonas et le rendit vif au bout de trois jours. *C.* 88. — *A.*
815	6	L'usage de labourer la terre, suivi par les empereurs de Chine, à leur avénement au trône, est dû à l'empereur Siuen-Ouang, qui l'établit la douzième année de son règne. *A.*
809	8	La plastique inventée par Dibutadès de Sicyone. *S.* 181.
807	5	La royauté abolie à Corinthe. Le gouvernement républicain institué. Les prytanes, magistrats annuels, gouvernent. *S.* 39.
803	5	Ozias ou Ozarias, roi de Juda, succède à son père Amazias, qui fut assassiné par ses sujets révoltés. Il triompha des Arabes, des Ammonites et des Philistins, et se distingua par l'invention de diverses machines de guerre. *C.* 88. — *A.*
800	5	La royauté abolie à Crète. Chaque ville devient indépendante. Trente sénateurs examinent les affaires ; le peuple ratifie leurs décisions ; dix cosmes ou inspecteurs, magistrats à vie irresponsables, tiennent l'équilibre entre les deux ordres, et commandent les armées. *P.* 237.
797	5	Tonos Concoleros, appelé par les Grecs Sardanapale, dernier roi du premier empire d'Assyrie, succède à Dercylus. *C.* 45. — *A.*
796		**La Macédoine sous les Héraclides.**
	5	Caranus, prince argien de la famille d'Hercule, reçoit d'un roi des Émathiens la Macédoine pour prix des services qu'il lui a rendus.
	6	Édesse, qu'il appela Æge, fut sa capitale. *C.* 332.
780	5	La royauté abolie en Élide. *P.* 206.

776		**Ère des Olympiades. Première Olympiade vulgaire.**
	8	Corébus d'Elide, vainqueur.

Les Olympiades se succédaient tous les quatre ans. Les 27 premières qui se sont écoulées depuis le rétablissement des jeux olympiques par Iphitus, ne comptent point.   *A.*

767	5	Zacharie, roi d'Israël, succède à son père Jéroboam II. Il est assassiné six mois après par Sellum, usurpateur. *C.* 88.
766	5	Manahem se fait proclamer roi d'Israël après avoir vaincu et tué l'usurpateur Sellum qui ne régna qu'un mois. *C.* 88.
	5	Razin, dernier roi de Damas, succède à Ben-Hadad III. *A.*
761	1	Révolte de Bélézis, prêtre chaldéen, grand astrologue, devin renommé, et du Mède Arbacès, contre Sardanapale, roi d'Assyrie. Battus dans trois batailles, les révoltés restent vainqueurs dans la quatrième, grâce au concours des Bactriens. Sardanapale se sauve dans Ninive et la défend deux ans entiers. *C.* 45, *A.*
759		**Fin du premier empire d'Assyrie.**

Bélézis, prêtre chaldéen, et Arbacès, général mède, détruisent l'empire de Sardanapale.

Royaume de Babylone. Bélézis, roi.

Royaume de Médie. Arbacès, roi.

Royaume de Ninive. Phul, Pul ou Sardanapale II, roi.
                                   P. 46. — *C.* 101.

756		**Puissance maritime de Milet**, ville d'Ionie, en Asie Mineure. Elle avait quatre ports et équipait jusqu'à 100 vaisseaux de guerre. Elle se rendit maîtresse de la navigation du Pont-Euxin et établit sur ses côtes jusqu'à 300 colonies. *P.* 231.
754		**Archontat décennal à Athènes.** Il est substitué à l'archontat perpétuel.

		Cette dignité reste héréditaire dans la famille de Médon. *P.* 220.
	5	Charops, premier archonte décennal.
	5	Phacéia, roi d'Israël, succède à son père Manahem. Il sacrifie aux idoles comme son père. *C.* 88.
753	5	Phacée, général, s'empare du trône d'Israël, après avoir mis à mort Phacéia. *C.* 88.

Fondation de Rome.

La population primitive était de 3,000 hommes.

	5	Romulus, roi; 100 sénateurs ou patriciens; 300 clercs ou chevaliers; 2 questeurs (trésoriers). Les augures et les aruspices étaient les ministres de la religion. *DR.* 7. — *Pl.*
752	5	Jonathan, roi de Juda, succède à son père Ozias. Il observe religieusement la loi du Seigneur. *C.* 88.
	8	Isaïe, le premier des quatre grands prophètes, et Michée de Morasti prédisaient sous son règne les malheurs de Samarie, la naissance du Messie à Bethléem, la dispersion des Juifs, etc.
749		**Enlèvement des Sabines par les Romains.** Romulus prit pour femme Hersilie, fille de Tatius, roi de Cures; les autres Romains épousèrent les filles sabines qu'ils avaient enlevées pendant la fête. *DR.* 8. — *Pl.*
748	2	Premières conquêtes des Romains sur les Sabins Céniniens, Antemnates et Crustumériens.
	6	Premières dépouilles opimes consacrées à Jupiter Férétrien, par Romulus, qui tua de sa main Acron, roi des Céniniens. *DR.* 8. — *A.*
747		**Ère de Nabonassar**, roi de Babylone, qui succède à son père Bélézis. *P.* 47.
745	1	Guerre des Sabins de Cures contre les Romains. Tatius, roi de Cures, s'empare de la citadelle de Rome, par la trahison de Tarpéia, fille du gouverneur.

	9	Mort de Tarpéia. Elle laissa son nom à la roche d'où l'on précipitait, par la suite, les criminels. *DR.* 8. — *Pl.*
744		**Union des Romains avec les Sabins de Cures.**
	5	Tatius partage le trône avec Romulus. Les Sabins s'établissent sur les monts Tarpéien et Quirinal. Cent principaux d'entre eux font partie du sénat. *DR.* 8. — *Pl.*
		Guerre de Messénie. Les Messéniens, battus par les Spartiates, se retirent sur le mont Ithôme, *P.* 217.
742	5	Téglath Phalassar, roi de Ninive, succède à son père Phul. Il relève l'ancienne puissance des Assyriens.
	2	Téglath Phalassar enleva à Phacée, roi d'Israël, le pays de Galaad, la Galilée et le territoire de Nephthali. *P.* 47. — *A.*
739	4	Tatius est assassiné à Lavinium par des hommes auxquels il avait refusé justice. *DR.* 8. — *A.*
738	2	Prise de Fidènes par les Romains. *DR.* 8.
737	5	Achaz, roi de Juda, succède à son père Jonathan. Ce fut un des rois les plus impies de Juda. *C.* 88.
736	1	Romulus triomphe deux fois des Véiens. *DR.* 8.
	1	Razin, roi de Damas, et Phacée, roi d'Israël, envahissent la Judée, et se retirent chargés de butin. *A.*
	5	Colonies de Grecs ioniens en Sicile.
	6	Ils fondent Naxos et plusieurs autres villes. *C.* 241.
755	1	Razin et Phacée assiègent de nouveau Jérusalem. *A.*
	2	Téglath Phalassar, roi de Ninive, vient au secours d'Achaz, mais il lui enlève le port d'Elath et le commerce de l'Afrique et de l'Inde. *C.* 88.
	6	Syracuse, ville de Sicile, fondée par une colonie de Grecs corinthiens, d'origine dorienne. Son gouvernement fut aristocratique. *P.* 241.

733		**Fin du royaume de Gessur.** Téglath Phalassar, roi de Ninive, en fait la conquête. *C.* 96.
		La Médie sous Déjocès. *C.* 104.
		Il réforma les mœurs des Mèdes, qui vivaient dans le plus grand désordre depuis la mort d'Arbacès.
	6	Ecbatane, fondée par Déjocès, devient sa capitale.
732	1	Victoire remportée par les Messéniens sur les Spartiates. *P. de B.*
		Fin du royaume de Damas. Il est conquis par Téglath Phalassar, roi de Ninive. *C.* 47, 96. — *A.*
730	6	Locres, ville d'Italie, reçoit une nouvelle colonie de Grecs locriens. Elle reconnaissait pour son fondateur Ajax ou son fils, arrivés en Italie après la guerre de Troie. *P.* 242.
	8	Oded, prophète, vivait vers cette époque. *S.* 16.
726	1	Victoire remportée par Aristomène, général messénien, sur les Spartiates. *P. de B.*
	5	Osée ou Hosée, dernier roi d'Israël, s'empare du trône, après avoir tué Phacée. *C.* 89.
724	1	Fin de la première guerre de Messénie. Les Messéniens, vaincus, se soumettent aux Spartiates. *P.* 217.
	5	Salmanassar, roi de Ninive, succède à son père Téglath Phalassar.
	2	Il enleva plusieurs places à Osée, roi d'Israël, et lui imposa un tribut. *C.* 89. — *A.*
723	5	Ézéchias, roi de Juda, succède à son père Achaz. Il est aussi célèbre par sa sainteté que son père l'était par sa désobéissance à la loi du Seigneur. Il rétablit le culte du vrai Dieu, qu'Achaz avait banni de Jérusalem. *C.* 88. — *A.*
720	6	Sybaris et plusieurs autres villes d'Italie sont fondées par des colonies grecques d'origine achéenne. *P.* 243.

718	**Prise de Samarie. Destruction du royaume d'Israël par Salmanasar.** Osée et une partie de son peuple sont emmenés captifs en Assyrie. *C. 89. — A.*
8	Le saint homme Tobie fut du nombre des captifs.
8	Archiloque de Paros, poëte satyrique grec, vivait vers cette époque. *S. 171, 190.*
8	L'équerre et le niveau inventés par Théodor de Samos. *S. 181.*
717	**L'île de Cypre ou Chypre s'affranchit de la domination des Tyriens** et forme neuf petits royaumes, y compris celui de Salamine. *P. 183, 236.*
715	**Mort de Romulus.** Il fut massacré au milieu du sénat, et ensuite proclamé dieu, sous le nom de Quirinus.
5	Interrègne. Le sénat gouverne.
6	La population de Rome s'élevait, à cette époque, à 46,000 habitants en état de porter les armes. *DR. 8.*
714	**Numa Pompilius**, gendre de Tatius, élu roi de Rome. Il réforma le calendrier et divisa l'année en 12 mois ; il institua les jours fastes et néfastes ; il consacra des temples à Janus, à Vesta, à la bonne Foi et au dieu Terme ; il établit les colléges des vestales, des pontifes, des augures, des fesciaux et des saliens, et il fit jouir les Romains des douceurs de la paix, pendant toute la durée de son règne. *DR. 9. — Pl.*
713 5	Séthos, prêtre de Vulcain, gouverne l'Égypte après la retraite de Sabacon, roi d'Éthiopie, qui l'avait assujettie. *P. 25.*
712 5	Sanachérib, roi de Ninive, succède à son père Salmanassar. *P. 47.*
	Fin du royaume de Hamath ou d'Émèse. Sanachérib en fait la conquête et transporte ses habitants dans les villes du royaume d'Israël. *C. 96.*
710 1	Sanachérib, roi de Ninive, envahit la Judée. Séthos, roi d'Égypte,

		marche au secours d'Ézéchias. Sanachérib va au-devant de lui, le défait et ravage l'Égypte pendant trois ans. *A.*
	6	Crotone, ville d'Italie, fondée par une colonie de Grècs achéens. *P. 243.*
708		**La Lydie sous la dynastie des Mermnades.** Gygès, berger des troupeaux de Candaule, roi de Lydie, parvient au trône en donnant la mort à son roi. *C. 102.*
707	1	Sanachérib, à son retour d'Égypte, fait une nouvelle invasion dans la Judée, assiége Jérusalem, et voit toute son armée exterminée par la main de Dieu. *C. 89. — A.*
	5	Asar-Hadon, roi de Ninive, succède à son père Sanachérib. *P. 47.*
	6	Tarente, ville d'Italie, fondée ou plutôt agrandie par une colonie de Grecs doriens. *P. 243.*
700	8	Joël et Nahum, prophètes, prêchaient vers cette époque. *S. 15.*
695	5	Perdiccas Ier, roi de Macédoine, succède à Trymmas et occupe le trône avec éclat pendant 48 ans. *P. 332.*
694	5	Manassès, roi de Juda, succède à son père Ézéchias. Il se rend odieux par son impiété et sa barbarie.
	9	Isaïe, le premier des quatre grands prophètes, est scié, par ordre du roi Manassès, par le milieu du corps. *C. 89. — A.*
690	5	Phraortès, roi de Médie, succède à son père Déjocès. *C. 105.*
	6	Géla, ville de Sicile, fondée par une colonie de Grecs rhodiens, d'origine dorienne. Elle donna naissance à Agrigente, environ un siècle plus tard. *P. 241.*
684	1	Seconde guerre de Messénie. Les Messéniens se révoltent contre les Spartiates et prennent pour chef Aristomène. *P. 217.*
		L'Archontat annuel, à Athènes, substitué à l'archontat décennal. Cette dignité, enlevée à la maison de Médon, devient élective. Elle est partagée entre neuf citoyens.

	5	Créon, premier archonte annuel. *P. 221.*
682	6	Les Argiens et les Arcadiens se déclarent en faveur des Messéniens. *P. 217.*
680	1	Bataille des Tranchées. Les Messéniens, trahis par Aristocrate, roi d'Arcadie, sont vaincus par les Spartiates. Ils se retirent sur le mont Ida. *P. 218.*
	8	Tyrtée le poëte, chef ou plutôt conseiller des Spartiates, contribua le plus à cette victoire.

Destruction du royaume de Babylone par Asar-Hadon, roi de Ninive, qui le réunit à son royaume. *C. 48. — A.*

675	8	Arion de Méthymne (île de Lesbos), poëte lyrique grec, vivait vers cette époque. *S. 171, 190.*
673	1	Asar-Hadon, roi de Ninive, envahit la Judée. Il emmène le roi Manassès à Babylone et le relâche un an après. *C. 89.*

Anarchie en Égypte après la mort de Séthos. Elle dura deux ans. *P. 25.*

672	**Origine des Samaritains.** Les Israélites de Samarie s'étant révoltés contre Asar-Hadon, celui-ci les fit transporter au delà de l'Euphrate et mit à leur place des colonies de la Colchide, de la Syrie, etc. Cette nouvelle population, convertie dans la suite, fut connue sous le nom de Samaritains. *C. 89. — A.*
671	**Mort de Numa Pompilius.** Il sut persuader au peuple que toutes les lois lui étaient inspirées par la nymphe Égérie.

	5	Tullus Hostilius est élu roi. Ce prince guerrier forma les Romains à la discipline militaire. *DR. 10.*

Gouvernement des 12 rois en Égypte, après l'anarchie qui dura deux ans. *P. 25.*

670	**Royaume de Cappadoce.**

	5	Pharnace, premier roi connu. Il descendait des Achéménides, anciens rois des Perses. *A.*

668		**Destruction du royaume de Messénie** par les Spartiates. Les Messéniens, vaincus, passent en Italie. *P.* 217.
	6	Zancle, ville de Sicile, envahie par les Messéniens, prend le nom de Messane ou Messine. *P.* 241.
	6	Régium, ville d'Italie, fondée par les Messéniens et les Eubéens. *P.* 243.
	5	La royauté abolie en Arcadie, après le supplice d'Aristocrate II. *P.* 206.
667	1	Guerre des Romains contre Albe. Combat des Horaces et des Curiaces. Albe, soumise aux Romains, conserve son dictateur.
	6	Premier appel au peuple. Horace, condamné à mort pour avoir tué sa sœur, fait un appel au peuple, qui le renvoie absous. *DR.* 10.
	5	Saosduchéus ou Nabuchodonosor Iᵉʳ, roi de Ninive, succède à son père Asar-Hadon. *P.* 47.
665	1	Guerre des Romains contre les Fidénates et les Véiens, qui sont vaincus.
		Destruction d'Albe.
		Suffétius, dictateur des Albains, étant resté spectateur du combat auquel il devait prendre part, est mis à mort. Albe est détruite et ses habitants sont réunis à la cité romaine. *DR.* 10. — *Pl.*
664	5	Tyrannie à Sicyone. Artagoras, premier tyran. *S.* 38.
660		**Puissance de la Grande-Grèce** (Italie méridionale occupée par les colonies grecques). Elle parvient à un degré de splendeur tel, qu'elle effaça la mère patrie. *P.* 243.
	8	Zaleucus, législateur des Locriens, vivait vers cette époque. *S.* 171, 203.
		Byzance, fondée par Byzace, Mégarien. *P. de B.*
658	9	Holopherne, général de Nabuchodonosor, roi de Ninive, qui assiégeait Béthulie, ville du royaume de Juda, est tué par Judith. *C.* 89. — *A.*
657	5	Tyrannie à Corinthe. Cypsélus, premier tyran. *P.* 210.
656		**Fin du gouvernement des 12 rois en Égypte.** Avénement de la 26ᵉ dynastie (Saïte).

	5	Psammitichus réunit toute l'Égypte sous sa domination.
	6	Une colonie de Grecs cariens et ioniens, qui avaient combattu pour Psammitichus, s'établit en Égypte, sur le Nil. *C*. 25, 240. — *A*.
653	1	Phraortès, roi des Mèdes, attaque Nabuchodonosor, roi d'Assyrie. Vaincu à Ragau, il est mis à mort. La Médie est ravagée par les Assyriens. *P*. 48. — *C*. 105.
	5	Cyaxare Ier, roi des Mèdes, succède à son père Phraortès. *C*. 105.
	6	Milet envoie des colonies sur les côtes septentrionales du Pont-Euxin. *P*. 232.
652	1	Guerre des Romains contre les Sabins. *A*.
651	1	Les Sabins sont vaincus par Tullus Hostilius. *A*.
650	1	Guerre des Romains contre les peuples latins qui composaient les colonies d'Albe.
	8	Charondas, législateur sicilien, vivait vers cette époque. *S*. 171, 192.
648		**Invasion des Scythes en Asie.** Ils habitaient entre l'Ister (Danube) et le Tanaïs (Don). Conduits par Madiès, ils battent Cyaxare Ier, roi des Mèdes, traversent l'Asie et pénètrent jusqu'en Égypte. **La Médie reste sous la domination des Scythes** pendant 28 ans. *C*. 105. — *P. de B*.
647	5	Sarac ou Chinaladan, roi de Ninive, succède à son père Nabuchodonosor. *C*. 47.
645	6	Trêve entre les Romains et les peuples latins.
	1	Seconde guerre des Romains contre les Sabins, qui sont de nouveau vaincus. *A*.
644		**Le royaume de Babylone rétabli.**
	5	Nabopolassar Ier, gouverneur de Babylone, s'affranchit de la domination des Ninivites et prend le titre de roi. *S*. 24.
640	5	Amon, roi de Juda, succède à son père Manassès. *C*. 89.

639	4	Tullus Hostilius périt frappé de la foudre.
	5	Ancus Martius, petits-fils de Numa, est élu roi de Rome. *DR.* 11.
	5	Josias, roi de Juda, succède à son père Amon.
	8	Idida, sa mère, gouverne pendant sa minorité. *C.* 89.
638	1	Hostilités des Latins contre les Romains.
	2	Ancus Martius s'empare de Politoire. La ville est détruite. Ses habitants sont transportés à Rome. *A.*
636	3	Les Latins s'emparent de Médulie, ville romaine. *A.*
633	2	Ancus Martius reprend Médulie aux Latins. *A.*
632	6	Milet envoie des colonies sur les côtes méridionales du Pont-Euxin. *P.* 232.
	8	Lucomon, originaire de Corinthe, natif de Tarquinie en Étrurie, vient s'établir à Rome. Il prend le nom de Tarquin. *DR.* 12.
631		**Cyrène reçoit une nouvelle colonie de Grecs et commence à être gouvernée par des rois.**
	5	Battus, premier roi. *P.* 240 — *S.* 32.
630	8	Holda, prophétesse, et Sophonie, prophète, vivaient vers cette époque. *S.* 16.
627	8	Jérémie, second grand prophète, commence à prophétiser. Il annonce, entre autres prédictions, les 70 ans de la captivité de Babylone.
	8	Baruch, disciple de Jérémie, est l'auteur du 12e chapitre de ses prophéties. *A.*
625		**Destruction de la ville et du royaume de Ninive. — Second empire d'Assyrie.**
	5	Nabopolassar, roi de Babylone, s'étant allié avec les Scythes et les Mèdes, prit et détruisit Ninive, força le roi Sarac à se donner la mort, réunit les deux royaumes et en fonda le second empire d'Assyrie. *P.* 48, 49.
	6	Babylone devient la capitale de l'empire.

624		**Dracon, archonte et législateur d'Athènes.** Ses lois punissaient de mort les moindres fautes, ainsi que les plus grands crimes. Aussi elles ne lui survécurent point. *P.* 221.
620	1	Guerre des Spartiates contre les Arcadiens Tégéates. Elle dura plus d'un quart de siècle. *P.* 218.
		La Médie s'affranchit de la domination des Scythes, qui furent massacrés le même jour dans tout le pays. *C.* 105. — *A.*
	8	Séméias et Hahamias, prophètes, vivaient vers cette époque. *S.* 16.
618	1	Guerre des Romains contre les Véiens, qui sont attaqués et vaincus par Ancus Martius. *A.*
617	5	Néchao ou Nécos, roi d'Égypte, succède à son père Psammitichus.
	8	Il créa une grande puissance maritime. Un canal de communication entre le Nil et la mer Rouge fut tenté sous son règne. Des navigateurs phéniciens firent, par son ordre, un voyage autour d'une partie de l'Afrique. *P.* 26. — *A.*
616	1	Guerre des Romains contre les Sabins, qui sont vaincus. *A.*
614	4	Mort d'Ancus Martius.
		Dynastie Étrusque à Rome.
	5	Tarquin l'Ancien, élu roi.
	6	Il porte le sénat à 300 membres, les chevaliers à 1,200, et plus tard à 2,400. *DR.* 12.
		Émigration des Gaulois ou Celtes, sous la conduite de Sigovèse et de Bellovèse. *C.* 12.
		La Gaule Cisalpine fondée par Bellovèse.
613	1	Guerre des Romains contre les Latins, qui refusaient de reconnaître la suprématie de Tarquin. Elle dura 13 ans. *DR.* 12. — *A.*
612	8	Cylon essaye de rétablir la royauté à Athènes. Il échoue et se sauve.

		Ses partisans sont massacrés au pied de l'autel des Euménides. Une peste suivit cette profanation d'un lieu saint. *P.* 221. — *A.*
609	1	Expédition de Néchao, roi d'Égypte, en Assyrie. Josias, roi de Juda, veut s'opposer à sa marche, mais il est battu et tué à la bataille de Mageddo.
	2	Néchao s'empare de Carchémis ou Circésium et d'autres places d'Assyrie. *P.* 26, 49.
	5	Joachas, roi de Juda, 3e fils de Josias, est élu par le peuple. *C.* 89. — *A.*
	8	Alcée, poëte grec, vivait vers cette époque. *S.* 171.
608	1	Néchao, au retour de son expédition d'Assyrie, s'empare de Jérusalem et emmène captif le roi Joachas. *C.* 90. — *A.*
	5	Eliakim ou Joachim, roi de Juda, frère aîné de Joachas, est placé sur le trône par Néchao, qui lui impose un tribut. *C.* 89.
	8	Habacuc, prophète, prêchait vers cette époque. *S.* 15.
606	1	Prise de Jérusalem par Nabuchodonosor, fils du roi d'Assyrie. Le temple est pillé, une partie des vases sacrés est transportée à Babylone. Joachim est emmené captif avec 3,000 Juifs.
		Captivité de Babylone. Joachim est relâché à condition qu'il payera tribut. *C.* 90. — *A.*
605	5	Nabuchodonosor II ou Nabopolassar II, roi d'Assyrie, succède à son père Nabopolassar Ier.
	2	Il bat Néchao à Circésium et reprend les villes dont les Égyptiens s'étaient emparés. *P.* 49.
604	1	Les Arcadiens Tégéates remportent une victoire sur les Spartiates. *P.* 218.
603	8	Daniel, l'un des quatre grands prophètes, qui, très-jeune encore, partageait la captivité de Babylone, s'étant fait remarquer par la défense de la chaste Suzanne et surtout par l'explication qu'il sut donner des songes du roi de Babylone, est nommé gouverneur de toutes les provinces de l'empire d'Assyrie. *A.*

601	1	Révolte de Joachim, roi de Juda, contre les Assyriens. La Judée fut dévastée pendant 4 ans par les troupes de Nabuchodonosor, qui faisait en personne la guerre au roi d'Égypte. *C.* 90. — *A.*
	2	Fin de la guerre des Romains contre les Latins. Plusieurs places restent au pouvoir des Romains. *A.*
	5	Psammis, roi d'Égypte, succède à son père Néchao. *P.* 26.
600		**Massalie (Marseille) fondée par une colonie de Grecs Phocéens** de l'Asie Mineure. *C.* 11*. — *P.* 239.
	1	Guerre sacrée contre les Crisséens (Grecs), qui s'étaient approprié une partie des terres consacrées à Apollon et qui avaient pillé son temple. *C.* 227.
	8	Sapho, de Mitylène, une des neuf Muses de la Grèce, vivait vers cette époque. *S.* 171. — *C.* 511.
599	1	Guerre des Romains contre les Sabins, qui avaient fourni des secours aux Latins. *A.*
	6	Construction du premier cirque à Rome et célébration des jeux romains avec plus de solennité. *A.*
598	1	Nabuchodonosor, après avoir vaincu les Égyptiens, prend Jérusalem et met à mort Joachim.
	5	Joachim ou Jéchonias, roi de Juda, est placé sur le trône de son père après le départ des Assyriens. *C.* 90.
	6	Nabuchodonosor revient, prend Jérusalem et emmène captifs Jéchonias et tous les artisans.
	8	Ezéchiel, troisième grand prophète, est du nombre. *A.*
597	1	Les Sabins, vaincus, obtiennent une trêve.
	1	Guerre des Romains contre les Étrusques. *DR.* 12. — *A.*
	5	Sédécias, roi de Juda, oncle de Jéchonias, est placé sur le trône par Nabuchodonosor. *C.* 90.

596	6	Les expiations du Crétois Épiménide font cesser la peste qui durait à Athènes depuis 612. *P.* 222.
595	5	Apriès, roi d'Égypte, succède à son père Psammis. *P.* 26.
	5	Astiage, roi des Mèdes, succède à son père Cyaxare Ier.
593		**Solon, législateur d'Athènes.** *P.* 222.

Troisième période des lettres, des sciences et des arts chez les Grecs.

Les sept sages de la Grèce : Solon, archonte d'Athènes; Chilon, éphore de Lacédémone; Périandre, tyran de Corinthe; Thalès, de Milet; Pittacus, de Mitylène; Bias, de Trienne en Lydie; Cléobule, de l'île de Rhodes. *C.* 510, 513. — *A.*

591		**Les jeux Pythiens**, consacrés à Apollon, sont établis à Delphes. Ils se célébraient tous les quatre ans, la troisième année de chaque Olympiade. *A.*
	5	Ithobal II, dernier roi de Tyr, monte sur le trône. *C.* 121.
590	1	Fin de la guerre sacrée contre les Crisséens. Elle se termine par le sac de Crissa et de Cyrrha, et par la consécration faite à Apollon des terres des Cyrrhéens. *P.* 227.
589		**Zoroastre II, fondateur de la religion médo-persique ou du Magisme**, vivait vers cette époque. *C.* 116.
	1	Sédécias, roi de Juda, se révolte contre Nabuchodonosor, après avoir formé une ligue avec le roi d'Égypte et les Ammonites. *C.* 90.
588	2	Les douze nations étrusques, vaincues par Tarquin l'Ancien, se soumettent aux Romains. *DR.* 12. — *A.*
587	1	Seconde guerre de Tarquin contre les Sabins. *DR.* 12.
	6	Milan, fondée par les Gaulois, devient la capitale de la Gaule Cisalpine.

Destruction du temple et de la ville de Jérusalem par Nabuchodonosor, roi d'Assyrie. Sédécias, roi de Juda, qui s'était révolté, eut les yeux arrachés. La population fut emmenée en captivité. **Fin du royaume de Juda.** *C.* 90.

585	8	Ésope, de Samos ou de Cotis en Phrygie, reçoit l'apologue (petit récit fabuleux qui présente une vérité morale) des Orientaux et le fait connaître aux Grecs. *P.* 235.
584	5	Corinthe s'érige en république. *S.* 40.
582	6	Agrigente, ville de Sicile, est fondée par une colonie de Géla. Son gouvernement est aristocratique. Elle devint, depuis, la colonie la plus puissante de la Sicile après Syracuse. *P* 241.
581	2	Les Latins, vaincus, se soumettent aux Romains. *DR.* 12.
580	8	Anacharsis, philosophe scythe, vivait vers cette époque. Il s'établit à Athènes, où il fut l'hôte et l'ami de Solon. *S.* 180 (Gaultier).
578	4	Tarquin l'Ancien périt sous les coups des assassins apostés par les fils d'Ancus Martius.
	5	Servius Tullius gouverne d'abord comme tuteur des fils de Tarquin, son beau-père ; bientôt il est nommé roi par une loi curiate. *DR.* 13.
576	6	Établissement du cens, lustre ou dénombrement à Rome. Les 80,000 citoyens sont répartis en 6 classes, selon leur fortune, et en 193 centuries. La 6e classe, composée des prolétaires, ne payait aucun impôt et était dispensée d'aller à la guerre. Elle composait une seule centurie. *DR.* 13.
573	1	Victoire remportée par les Cyrénéens sur les Égyptiens. *P. de B.*
572		**Prise et destruction de l'ancienne Tyr par Nabuchodonosor, roi d'Assyrie. Origine de la nouvelle Tyr;** elle est fondée par les réfugiés de l'ancienne. Gouvernement des suffètes ou juges. *C.* 121.
		Les Sidoniens, les Phéniciens, les Ammonites, les Moabites et les Iduméens passent sous la domination de Nabuchodonosor. *P.* 49.

571	1	Guerre des Romains contre les Étrusques, qui refusaient de reconnaître Servius Tullius. Elle dura 20 ans. *DR.* 14. — A.
570	5	Amasis est proclamé roi d'Égypte, à la suite d'une révolte contre le roi Apriès, qui fut mis à mort. Il se distingua par sa popularité et par la sagesse de son administration. *P.* 26.
	6	La colonie grecque établie en Égypte depuis l'an 656 s'étant élevée à 30,000 âmes, Amasis lui cède Naucratis. *C.* 240.
569	6	Nabuchodonosor II, roi d'Assyrie, tombe dans une noire mélancolie.
	8	La reine Nitocris administre l'État. *P.* 49.
568	1	Les Arcadiens Tégéates remportent une victoire sur les Spartiates. *P.* 218.
566	1	Les Spartiates remportent une victoire sur les Arcadiens Tégéates. *P.* 218.
	5	Agrigente sous le gouvernement des tyrans. Phalaris, premier tyran. *P.* 242.
562	5	Évilmérodac, roi d'Assyrie, succède à son père Nabuchodonosor II. *P.* 49.
	8	Anacréon, de Théos, poëte grec, excelle dans le genre lyrique. *P.* 235.
561		**Tyrannie des Pisistratides à Athènes.** *P.* 224.
	8	Daniel, quatrième grand prophète, confond les prêtres de Bel ou Baal. Ils sont massacrés et leur temple est détruit par ordre d'Évilmérodac. Daniel, jeté dans une fosse aux lions, y reste sept jours sans être touché de ces animaux. *C.* 91. — A.
560		**Fin du royaume de Phrygie**, qui devient province du royaume de Lydie après la mort de Midas V. *S.* 28.
		Commencements de Cyrus, fils de Cambyse, roi des Perses. Il envahit la MÉDIE et s'empare du trône d'Astyage. *C.* 106.
		Fin du royaume des Mèdes.

	5	Nériglissor, roi d'Assyrie, est placé sur le trône après Évilmérodac, son beau-père, qui fut assassiné. *P. 49. — A.*
559	5	Crésus, roi de Lydie, succède à son père Halyatte II. Ses richesses étaient immenses, et sa cour devint le rendez-vous des sages et des savants de la Grèce. *C. 102.*
	9	Mort de Solon, âgé de 80 ans, à Athènes. Il avait essayé en vain de lutter contre les Pisistratides. *S. 171.*
558	9	Mort d'Esope, à Delphes. Ses fables renferment un sens moral très-profond. Crésus l'avait attiré à sa cour ; il voyagea ensuite et fut précipité d'un rocher dans la mer par les Delphiens qu'il avait irrités en leur appliquant la fable des Bâtons flottants, qui de loin paraissent quelque chose(1). (Gaultier).
556	8	Batyclès, de Magnésie, sculpteur grec, fit, pour le temple d'Amyclès, un trône sur lequel on plaça une statue d'Apollon. Cet ouvrage était une des merveilles de l'antiquité. *P. 232.*
555	1	Première victoire de Cyrus sur les Assyriens ou Babyloniens.
	5	Laborosoarchod, roi d'Assyrie, succède à son père Nériglissor, qui fut tué dans cette journée. *C. 106. — A.*
554	5	Labynit Nabonit ou Balthasar, roi d'Assyrie, fils d'Évilmérodac, est placé sur le trône après la mort de Laborosoarchod, qui fut assassiné le neuvième mois de son règne tyrannique. *A. — P. 49.*
551	2	Les douze nations étrusques sont admises dans l'alliance de Rome après 20 ans de guerre. *DR. 14.*
550		**L'île de Cypre ou Chypre passe sous la domination des rois d'Égypte.** Amasis la rend tributaire. *P. 236.*
548		**Bataille de Thimbrée gagnée par Cyrus sur Crésus,**

(1) Crésus monta sur le trône en 559 ; la mort d'Ésope n'a donc pu avoir lieu avant 558. Quelques auteurs la portent à 582.

4

Fin du second empire d'Assyrie. Balthasar, dernier roi, périt dans le sac de Babylone. *C.* 109.

L'Assyrie, la Babylonie, la Syrie et la Judée deviennent provinces de l'empire de Cyrus.

8 | Daniel, le prophète, jouit auprès de Cyrus du même crédit dont il jouissait auprès du roi d'Assyrie. *C.* 92.

536 | **Édit de Cyrus. Fin de la captivité de Babylone.** Elle dura 70 ans.

Les Juifs sous le gouvernement des grands prêtres.

5 | Jésus ou Josua, premier grand prêtre souverain, et Zorobabel reconduisent les Juifs à Jérusalem. *C.* 92, 490.

8 | Thespis, créateur de la satire ou tragédie antique, vivait vers cette époque. *S.* 202. — *C.* 511.

535 | 1 | Les Phocéens de la Corse, à la suite d'une désastreuse bataille navale livrée aux Etrusques et aux Carthaginois, se réfugient les uns à Rhégium, les autres à Marseille. *P.* 238.

6 | Rome est placée à la tête de la ligue des Latins. *DR.* 14.

Les Juifs jettent les fondements d'un nouveau temple à Jérusalem. *A.*

534 | 5 | Tarquin le Superbe, petit-fils de Tarquin l'Ancien, roi de Rome, monte sur le trône après avoir fait assassiner Servius Tullus, son beau-père.

6 | Rome était devenue, sous Servius, la ville aux sept collines (Aventin, Capitolin, Célius, Palatin, Quirinal, Viminal et Esquinal). *DR.* 14.

530 | **Mort de Cyrus.** Son empire, divisé en 120 satrapies, fut aussi étendu que celui de Sémiramis, moins les côtes orientales du Pont-Euxin, l'Égypte, la Cyrénaïque, la Libye et l'Ethiopie. *P. de B.*

	5	Cambyse, roi des Perses, succède à son père Cyrus. Smerdis, frère de Cambyse, obtient le gouvernement de l'Arménie et de la Médie.
	8	L'institution des postes est due à Cyrus. *C.* 110.
528	5	Hipparque et Hippias, tyrans d'Athènes, succèdent à leur père Pisistrate. *P.* 224.
	8	Anacréon, poëte lyrique grec, né à Théos, est appelé à la cour d'Athènes. *C.* 511.
526	5	Psamménite, dernier roi d'Égypte, succède à son père Amasis. Il ne régna que six mois. *P.* 26.
525		**L'Égypte est conquise par Cambyse**, roi des Perses. **Fin des Pharaons.**
		Chypre passe sous la domination des Perses.
		Les Libyens, les Barcéens, les Cyrénéens se soumettent à Cambyse. *C.* 111. — *P.* 236.
524		**Expédition de Cambyse contre les Ammoniens et les Éthiopiens.** Ses armées périssent au milieu des sables.
	6	Cambyse tourne sa fureur contre son frère et contre les Égyptiens. Il fait assassiner le premier; il détruit les monuments et insulte à la religion des seconds. *C.* 111. — *A.*
522		**Mort de Cambyse, roi des Perses. Fin de la dynastie de Cyrus.**
		Le mage Smerdis, usurpateur, et les mages qui le soutenaient sont massacrés par sept conjurés.
		La Magophonie, anniversaire de ce massacre, **devint une des plus grandes fêtes en Perse.**
	5	Darius, l'un des conjurés, est proclamé roi des Perses; l'Écriture le nomme Assuérus. *C.* 112. — *A.*
521		**Royaume de Pont.**

	5	Artabaze, fils aîné de Darius, né avant l'avénement de son père, en fut le premier roi. *C.* 476.
520	2	Cyrène reconnaît un moment l'autorité des satrapes de Darius. *P.* 210.
		Royaume de Carie.
	5	Lygdamis, premier roi.
	6	Halicarnasse, capitale. *A.* — *S.* 29.
	8	Les cadrans solaires inventés par Anaximène de Milet. *S.* 181.
519	6	Darius (Assuérus) épouse Esther, Juive, d'une beauté très-remarquable, nièce de Mardochée, simple portier à Suze, qui succéda depuis à Aman, dans les fonctions de premier ministre. *C.* 490. — *A.*
517	1	Révolte des Babyloniens contre les Perses. Darius se rendit maître de la ville, après un siége de 18 mois. Il punit de mort 3,000 Babyloniens et détruisit les fortifications de la ville. *C.* 113. — *A.*
516		**Dédicace du nouveau temple de Jérusalem.** *A.*
	8	Aggée et Zacharie, prophètes, vivaient vers cette époque. *S.* 15.
514	1	Fin de la guerre des Spartiates contre les Argiens, qui sont vaincus. **Sparte devient la première puissance continentale de la Grèce.** *P.* 218.
	4	Hipparque meurt assassiné par Harmodius et Aristogiton. *P.* 225.
		Expédition de Darius contre les Scythes. Elle échoue. Les THRACES se soumettent à Darius. *C.* 113 — *A.*
	5	Cyrène secoue le joug de Darius. *P.* 240.
510		**Les Pisistratides sont chassés d'Athènes** par les Alcméonides. Le gouvernement républicain est rétabli.
	6	Querelles de Clisthènes, archonte, et d'Isagoras, chef du parti des grands. **L'ostracisme institué à Athènes.** *P.* 225.
		Décadence de la grande-Grèce. Sybaris est détruite par les Crotoniates. *P.* 244.

509 | **La royauté abolie à Rome. La république instituée.**
Junius Brutus et Tarquin Collatin, premiers consuls.   *DR.* 15.

1 | Guerre des Romains contre les Véiens et les Tarquiniens.

6 | Premier traité de commerce entre Rome et Carthage.   *DR.* 59.

L'Inde conquise par Darius. L'empire des Perses dans la plus grande étendue. Les 120 satrapies réduites à 20.
C. 113.

508 1 | Rome, assiégée par Porsenna, roi de Clusium, en Étrurie, qui prit les armes pour rétablir Tarquin.

8 | Horatius Coclès, pour donner à l'armée le temps de se retirer, défend seul le pont du Tibre jusqu'à ce qu'on l'eût coupé derrière lui. Il traverse ensuite le fleuve à la nage.   *DR.* 17.

507 8 | Mucius Scévola entre, déguisé, dans le camp ennemi, et tue un officier qu'il a pris pour Porsenna. Il met ensuite sur un brasier ardent la main qui avait manqué le coup.

8 | Clélie et dix jeunes filles mises en otages traversent le fleuve à la nage. Le consul Valérius Publicola les renvoie aussitôt.

6 | Porsenna lève le siége de Rome.   *DR.* 17. — *Pl.*

506 | **Athènes devient la première puissance maritime de la Grèce,** après avoir construit, par les conseils de Thémistocle, 200 bâtiments qui étaient pontés en partie. L'île d'Eubée, les Cyclades, l'île de Lemnos et la Chersonèse de Thrace reconnaissaient ses lois.   *P.* 226.

505 1 | Guerre des Sabins contre les Romains, en faveur des Tarquins. Elle dura cinq ans.   *DR.* 17.

504 | **Troubles de l'Ionie.** Aristagore, gouverneur de l'Ionie, et Histié, de Milet, soulèvent toutes les villes grecques de l'Asie Mineure contre les Perses. Sardes est brûlée par leurs alliés les Athéniens et les Érétriens. Darius jure de les exterminer.   *P.* 246.

	8	Le Sabin Appius Claudius vient s'établir à Rome avec 5,000 clients et des richesses considérables. *DR.* 17.
503	9	Mort de Valérius Publicola, consul pour la 4e fois. Il fut enterré aux frais du peuple. Les femmes en portèrent le deuil pendant un an entier, ce qu'elles avaient déjà fait pour Brutus. *DR.* 17. — *A.*
501	1	Fin de la guerre des Romains contre les Sabins.
	3	Les Sabins, vaincus, perdent une partie de leur territoire. *DR.* 17.
500	9	Pythagore, de Samos, géomètre et philosophe grec, fondateur de l'école italique, meurt âgé de 80 ans. Il regardait les mathématiques comme une partie intégrante de la philosophie. *S.* 171. — *C.* 511.
498	1	Ligue des villes latines en faveur des Tarquins.
	6	Les Romains indigents refusent de s'enrôler, si l'abolition des dettes n'est pas prononcée.

Institution de la dictature à Rome. Le dénombrement donne 150,700 citoyens. La ligne des Latins est dissipée. *DR.* 18.

Fin des troubles de l'Ionie. L'Asie Mineure rentre sous la domination des Perses. *P.* 247.

496		**Guerre médique. Première expédition des Perses en Grèce.** Mardonius, gendre de Darius, qui la commandait, ne dépassa pas la Macédoine. Sa flotte, assaillie par une tempête près du mont Athos, perdit 21,000 hommes et 300 galères. *P.* 247.
495	1	Ligue des Latins et des Volsques en faveur des Tarquins. Postumius Albus, dictateur, bat les Latins près du lac Rhégile. Le titre d'alliés leur est rendu.
	4	Fin des Tarquins. Les fils de Tarquin et son gendre périssent dans cette journée. Le vieux roi, blessé, se retire à Cumes et y meurt l'année suivante. *DR.* 18.

		il lève le siége. Les Volsques l'accusent de trahison. Il périt à Antium, dans une émeute populaire. *DR.* 22.
486	1	Première révolte des Égyptiens contre les Perses. Elle dura deux ans et finit par être comprimée. *A.*
		Première proposition de la loi agraire à Rome. Spurius Cassius Viscellinus, consul, veut distribuer au peuple les terres conquises. *DR.* 22.
	8	Eschyle, poëte grec, remporte le prix de la tragédie moyenne, qui remplace la tragédie antique. (*Marbres de Paros.*) *C.* 512.
485	5	Xerxès Ier, roi des Perses, succède à son père Darius. *P.* 249.
	8	Thémistocle succède à Miltiade dans le commandement de la flotte grecque. *C.* 250.
	8	Aristide est chargé de l'administration intérieure.
	9	Miltiade meurt dans les fers. *C.* 249. — *Pl.*
	9	Spurius Cassus Viscellinus, à peine sorti du consulat, est précipité du haut de la roche Tarpéienne. *DR.* 22.
484		**Puissance de Syracuse, sous Gélon,** qui en est proclamé roi. Agrigente était, après Syracuse, la colonie la plus puissante en Sicile. *P.* 242. — *A.*
	7	Hérodote, le père de l'histoire, vient au monde à Halicarnasse, en Asie Mineure. Il vécut 72 ans. *C.* 512
	8	La comédie ancienne des Grecs, perfectionnée par Cratès, est associée aux représentations théâtrales. *C.* 512.
483	8	Aristide, surnommé le Juste, est condamné au ban de l'ostracisme, Thémistocle ayant répandu le bruit qu'il aspirait à la tyrannie. *Pl.*
480		**Expédition de Xerxès,** avec 3,000,000 d'hommes, **contre les Grecs. Léonidas aux Thermopyles.** Combat naval d'Artémisium, Euribiade repousse la flotte persane.

Athènes est détruite.

Bataille navale de Salamine gagnée par Thémistocle.
Xerxès repasse en Asie.

Bataille de Panorme, en Sicile, gagnée par Gélon sur les Carthaginois.   *C.* 254.

5 | Ariobarzan Ier ou Rhodobates, roi de Pont, succède à Artabaze, qui périt à Salamine.   *S.* 63. — *C.* 476.

5 | La royauté est abolie à Rhodes.   *C.* 125, 486.

Royaume du Bosphore Cimmérien. Pœrisade, premier roi connu.   *A.*

479 | **Bataille de Platée gagnée par Pausanias sur les Perses.** Mardonius périt. Artabaze ne ramène en Asie que 40,000 hommes.

Combat naval de Mycale gagné par les Grecs.

Le théâtre de la guerre est transporté en Asie.

Les villes grecques de l'Asie Mineure recouvrent leur indépendance.   *C.* 254.

9 | Confucius (Kong-Tsé), célèbre philosophe chinois, meurt âgé de 72 ans.
(*Pic.*)

478 | 6 | Athènes, que les Perses avaient détruite, est rebâtie, et le Pirée, son port principal, fortifié par les soins de Thémistocle, malgré les réclamations des Spartiates.   *C.* 258.

477 | **Les Athéniens sont mis à la tête de la confédération générale des Grecs.** Cimon et Aristide succèdent à Pausanias.
C. 255. — *Pl.*

5 | Hiéron Ier, roi de Syracuse, succède à son frère Gélon.   *P.* 271.

9 | Dévouement et mort de 306 Fabius et de leurs 4,000 clients, *DR.* 23.

	9	Eschyle, poëte grec, père de la tragédie moyenne, meurt à Géla, âgé de 69 ans. *S.* 172 (*Marbres*).
474	1	Les Romains assiégent Véies. Les Véiens demandent la paix, on leur accorde une trêve de 40 ans. *DR.* 23.
473	6	Troubles à Rome, causés par la loi agraire. *DR.* 24.
472		Xerxès, roi des Perses, et son fils aîné sont assassinés par Artaban, capitaine des gardes, qui reste maître de l'autorité pendant six mois. *P.* 256.
471	5	Artaxerxès Ier Longuemain, roi des Perses, troisième fils de Xerxès, succède à son père, après avoir vaincu et mis à mort Artaban l'usurpateur. *C.* 256. — *S.* 25.
	8	Thémistocle est condamné au ban de l'ostracisme. *A.*
470	1	Deux victoires de Cimon remportées sur les Perses en un seul jour. Il bat leur flotte et leur armée de terre. *C.* 256. — *A.*
	5	Agrigente adopte le gouvernement démocratique. *S.* 34.
	8	Sophocle, poëte grec, donne à la tragédie nouvelle la forme qu'elle conserva depuis. *C.* 512 (*Picot*).
469	4	Supplice de Pausanias, roi de Sparte. Convaincu de trahison et condamné à mort, il se réfugie dans le temple de Minerve, où on le fit mourir de faim en murant la porte. *S.* 41. — *Pl.*
468	3	Simonides, de l'île de Céos, petit-fils de Simonides l'Ancien, poëte grec, inventeur de la mémoire artificielle (mnémonique), meurt âgé de 90 ans. *S.* 201 (*Marbres*).
467	5	Thrasibule, roi de Syracuse, succède à son frère Hiéron Ier. *C.* 272.
	9	Mort d'Aristide, le plus vertueux des Grecs. Il mourut si pauvre, que la république d'Athènes fut obligée de faire les frais de ses funérailles.
466	5	Les Syracusains chassent Thrasibule et rétablissent le gouvernement républicain dans toutes les villes grecques de la Sicile.
	6	Cimon rend tributaires les divers Etats de la Grèce, en leur laissant

leurs matelots et leurs soldats, mais en leur prenant leurs galères et en augmentant leur contribution.   *C.* 256.

463 1   Acharnement des Eques contre les Romains. Ils reviennent attaquer Rome, pendant quatre ans, toujours sans succès.   *DR.* 25.

464 6   Tremblement de terre à Sparte. 20,000 habitants y périssent.

     1   Troisième guerre de Messénie. Les Hilotes se révoltent ; les Messéniens se joignent à eux et font la guerre aux Spartiates, que le tremblement de terre avait affaiblis.   *C.* 259.

463 1   Seconde révolte des Égyptiens contre les Perses.

     5   Inarus est proclamé roi d'Egypte.

     6   Cimon vient au secours d'Inarus, avec 200 galères.   *A.* — *C.* 256.

462 6   La loi Térentilla, proposée par le tribun Térentillus Arsa, est repoussée par le sénat romain. Il s'agissait de nommer dix commissaires pour rédiger une législation positive et non plus soumise à l'arbitraire des magistrats patriciens.   *DR.* 25.

460 1   Les Sabins s'emparent du Capitole. Ils sont exterminés.   *DR.* 25.

     6   Les Spartiates renvoient les Athéniens qui arrivèrent à leur secours contre les Messéniens. Cimon subit l'exil de l'ostracisme.   *C.* 259.

     7   Hippocrate, le père de la médecine, naît dans l'île de Cos.
                                                    S. 172. — *C.* 516.

     8   Périclès commence à exercer son autorité à Athènes.   *A.*

459 1   Nouvelles hostilités des Eques, des Volsques et des Sabins contre les Romains.   *DR.* 25.

458 1   Fin de la seconde révolte des Égyptiens. Ils sont réduits par Mégabyze. Inarus, conduit captif à Suze, fut mis en croix dix ans plus tard.   *A.*

457 8   L. S. Cincinnatus, dictateur, après avoir remporté des victoires sur les Eques, les Volsques et les Sabins, retourne à sa charrue.   *DR.* 26.

     9   Les Athéniens, alliés d'Inarus, en quittant l'Egypte, périssent en

grande partie dans les déserts d'Afrique. Soixante galères, envoyées d'A-
thènes, sont prises et détruites par les Phéniciens. *C*. 256.

456 | 1 | Fin de la troisième guerre de Messénie. Les Hilotes et les Messéniens,
vaincus par les Spartiates, sont recueillis par les Athéniens et établis à
Naupacte. Pise, qui avait favorisé la révolte des Hilotes et des Messé-
niens, est détruite par les Eléens, alliés des Spartiates. *C*. 259.

455 | 1 | L'ambition d'Athènes excite les alarmes de la Grèce. Bataille de Ta-
nagre gagnée par les Spartiates sur les Athéniens qui, deux mois après,
remportèrent des victoires signalées. *C*. 260.

454 | 6 | Reconstruction et dédicace des murs de Jérusalem par Néhémi, Juif
de la race des prêtres, avec l'autorisation d'Artaxerxès Mnémon, roi des
Perses, dont il était l'échanson. Néhémi, après avoir gouverné les Juifs
pendant 12 ans, retourna en Perse. *A*.

453 | 6 | La loi Térentilla est adoptée par le sénat romain. Trois commissaires
sont envoyés en Grèce pour recueillir les meilleures lois de ce pays.
  DR. 26.

8 | Esdras à Jérusalem. Muni des pouvoirs d'Artaxerxès, il mit en ordre
les livres saints, les divisa en cinq parties et en fit publiquement la lec-
ture au peuple. *A*.

451 | 1 | Les Sicules essaient de chasser les colonies grecques de la Sicile. Ils
sont vaincus. *P*. 272.

Institution du décemvirat à Rome. Dix magistrats patriciens, investis du pouvoir dictatorial, sont chargés de mettre en harmo-
nie avec la constitution et les mœurs des Romains les lois recueillies en
Grèce par trois commissaires. *DR*. 26.

450 | 6 | Dix tables de lois sont soumises par les décemvirs à l'approbation du
peuple.

5 | Le décemvirat est maintenu pour l'année suivante. *DR*. 27.

| | 8 | Cimon, rappelé d'exil, conduit une expédition contre les Perses. |

8 | Cimon, rappelé d'exil, conduit une expédition contre les Perses.
C. 257, 260.

9 | Thémistocle, qui jouissait, en Perse, des revenus de plusieurs villes, se donne la mort. *Pl.*

449 | Deux nouvelles tables de lois sont publiées, mais non soumises aux suffrages du peuple. **Abolition du décemvirat. Le consulat est rétabli. La loi des douze Tables est maintenue.**
DR. 27.

Traité de paix de Cimon, qui meurt en Chypre. **Fin de la guerre médique.**

Puissance de la Grèce. *C.* 257.

440 | 2 | Agrigente passe sous la domination de Syracuse. *P.* 272.

6 | Thurii, fondée non loin de Sybaris, lui succéda, mais n'eut jamais sa puissance. *P.* 243.

Puissance de Périclès à Athènes. *C.* 261.

8 | Phidias, le plus célèbre statuaire grec, ami de Périclès, eut l'intendance des travaux publics. *C.* 516. — *Pl.*

445 | 6 | Troubles occasionnés à Rome par les prétentions du peuple au consulat. Les tribuns demandent une loi qui autorise les mariages entre les familles patriciennes et plébéiennes. *DR.* 29.

4 | Les Véiens, les Eques et les Volsques prennent les armes contre les Romains. *DR.* 28.

444 | **Tribunat militaire à Rome.** Il fut substitué au consulat; cependant il y eut des retours fréquents à cette forme de gouvernement. Le nombre des tribuns militaires fut d'abord de trois, puis de six; les plébéiens pouvaient être nommés à cette magistrature. Cependant, les premiers tribuns militaires furent tous patriciens. *DR.* 29. — *Pl.*

443 | **Censure à Rome.** Deux censeurs étaient chargés de faire tous les cinq

ans le lustre ou dénombrement du peuple. Ils s'attribuèrent, par la suite, la censure des mœurs, le droit de nommer aux places vacantes dans le sénat, et la surintendance des édifices publics. *DR.* 29.

442 **Malachie, dernier prophète.**
Dieu fit taire les prophètes durant plus de quatre siècles, pour tenir son peuple en attente de celui qui devait être l'accomplissement de tous les oracles. (Bossuet.)

441 8 Le bélier et autres machines de guerre inventés chez les Carthaginois. *S.* 181.

440 1 Destruction de la ville et de la marine des Samiens par Périclès. La ville de Samos a soutenu un siége de 9 ans et n'a cédé qu'à l'usage, alors nouveau, des machines de guerre. *C.* 262.

437 6 L'établissement d'un temple à Garizim par Sanabastan, gouverneur de Samarie, achève la scission dans le peuple juif. *C.* 491.

8 Euripide, de Salamine, poëte tragique grec, rival de Sophocle, âgé de 43 ans, remporte, pour la première fois, le prix de la tragédie. *S.* 172 (*Marbres*).

436 9 Pindare, de Thèbes, en Béotie, poëte lyrique grec, meurt âgé de 90 ans. Il s'illustre dans l'ode et l'élégie. *S.* 172 (*Picot*).

8 Corinne, de Thèbes, une des neuf Muses de la Grèce, était contemporaine de Pindare, sur lequel elle a remporté plusieurs victoires. *C.* 511 (*Picot*).

434 5 La durée de la censure, à Rome, qui était de 5 ans, est réduite à 18 mois. *DR.* 29.

432 1 Guerre entre Corinthe et Corcyre. Périclès détermine les Athéniens à prendre parti pour Corcyre. Les Corinthiens soulèvent contre Athènes toutes les cités du Péloponèse et font révolter Potidée. *P.* 262.

431 **Guerre du Péloponèse.** Elle déchira la Grèce pendant 27 ans et finit par la destruction de la puissance d'Athènes et la domination des

Spartiates en Grèce. Les Spartiates ravagent l'Attique. Périclès, à son tour, ravage avec sa flotte les côtes du Péloponèse.   *P.* 263. 265.

430	1	Les Volsques et les Eques sont vaincus par les Romains. *DR.* 30.
	1	Les Lacédémoniens commencent le siége de Platée.
	6	Peste à Athènes.
	5	Les Athéniens ôtent l'autorité à Périclès, mais ils la lui rendent bientôt après. *P.* 265.
	8	Hippocrate arrive de Cos à Athènes avec ses disciples, pour soulager les malades.
429	2	Prise de Potidée, en Thrace, par Périclès, après un siége qui dura trois ans. *P.* 266.
		Mort de Périclès, âgé de 66 ans. Il succomba aux atteintes de la peste qui, durant deux ans, enleva aux Athéniens 5,000 hommes en état de porter les armes. *P.* 266.
428	3	L'île de Lesbos abandonne le parti d'Athènes. *P.* 266.
	9	Anaxagore, de Clazomène, philosophe grec, meurt âgé de 72 ans. *S.* 172, 189.
427	1	Prise et destruction de la ville de Platée par les Lacédémoniens. Les 150 Platéens qui capitulèrent furent égorgés. *P.* 266.
	2	Prise de Mitylène, capitale de Lesbos, par les Athéniens. La flotte et le territoire sont confisqués par les vainqueurs. *P.* 266.
	8	Aristophanes, poëte comique grec, vivait vers cette époque. *S.* 172, 191.
426	1	Démosthène, général athénien (autre que l'orateur), transporte le théâtre de la guerre dans le Péloponèse. *P.* 266.
	6	Les Spartiates essuient des revers multipliés pendant deux ans. Quatre cent vingt Spartiates des premières familles sont faits prisonniers à l'île de Sphactérie. *P.* 266.

425	1	Les Véiens, vaincus par les Romains, obtiennent une trêve de 20 ans. *DR.* 31.
	2	Les Athéniens s'emparent de l'île de Cythère. *P.* 267.
424	1	Les Spartiates implorent la paix. Le roi de Macédoine vient à leur secours. *P.* 267.
	3	Brasidas, général lacédémonien, enlève à Thucidide, général athénien, toutes les villes sur les côtes de la Thrace.
	5	Xerxès II, roi des Perses, succède à son père Artaxerxès I Longuemain.
	5	Sogdien, fils naturel d'Artaxerxès, fait assassiner Xerxès II et s'empare de son trône. *P.* 283.
423	5	Darius II Ochus ou Nothus, roi de Perse, autre fils naturel d'Artaxerxès, est placé sur le trône. Sogdien est mis à mort après six mois de règne. *P.* 283.
	6	Trêve entre les Spartiates et les Athéniens. Athènes rend à Sparte les prisonniers de Sphactérie. *P.* 267.
422	1	Les hostilités entre Sparte et Athènes sont reprises. Les Athéniens sont battus sous les murs d'Amphipolis en Thrace.
	9	Les deux généraux Cléon (Athénien) et Brasidas (Lacédémonien) périssent dans cette journée. *P.* 268.
421		**Trêve de Nicias** conclue entre Sparte et Athènes pour 50 ans. Observée en apparence pendant 6 ans, elle fut réellement rompue un an après sa conclusion.
	8	Rivalité de Nicias et d'Alcibiade à Athènes.
		L'ostracisme aboli à l'occasion du bannissement d'Hyperbolus, homme méprisable et méchant. *P.* 268, 269. — *Pl.*
420	6	Ligue contre Sparte formée par plusieurs peuples grecs. Alcibiade demande et obtient des Athéniens, contre l'avis de Nicias, des secours pour les confédérés. *P.* 269.

5

412	2	La flotte des Grecs confédérés, commandée par Alcibiade, fait plusieurs conquêtes dans l'Ionie.
	6	La flotte et l'armée des Athéniens arrivent à Samos, ce qui arrête la défection des alliés, non encore déclarés contre eux.
	8	Alcibiade quitte le parti des Lacédémoniens et se retire auprès de Tissapherne, satrape perse. P. 275, 276.
411	6	L'armée athénienne de Samos rappelle Alcibiade et le nomme son généralissime. P. 276.
410	1	Alcibiade gagne deux batailles navales à Abidos et à Cyzique, et taille en pièces les armées perses postées sur le rivage. P. 276.
	6	Les démêlés de Selinonte et d'Egeste recommencent en Sicile. Les Egestins implorent l'assistance des Carthaginois P. 327.
409	2	Les Carthaginois s'emparent d'Himère et de Selinonte. P. 327.
407	6	Alcibiade rentre triomphant à Athènes. Il repart peu après pour soumettre l'Ionie. Bientôt il est remplacé par dix généraux. P. 277.
	8	Cyrus, le plus jeune fils de Darius II Nothus, nommé gouverneur général des satrapies maritimes, fournit à Lysandre, amiral lacédémonien, les moyens d'écraser les Athéniens. P. 284. S. 172.
	9	Euripide meurt âgé de 73 ans.
406	1	Conon, général athénien, est bloqué dans le port de Mitylène, par Callicratidas, successeur de Lysandre.
	1	Combat naval des Arginuses. Callicratidas est vaincu et tué par les Athéniens. P. 277.
	2	Les Carthaginois s'emparent d'Agrigente et la détruisent. P. 327.
405		**Les troupes romaines commencent à être soldées.** DR. 31.
	1	Siége de Véies.
	5	Denys l'Ancien devient tyran de Syracuse. P. 327.

		Bataille navale d'Ægos-Potamos, gagnée par Lysandre, général lacédémonien, sur les Athéniens. *P.* 277.
	9	Sophocle, d'Athènes, le poëte tragique le plus parfait de l'antiquité, meurt âgé de 91 ans. *S.* 172 (Picot).
404	1	Première guerre de Denys l'Ancien contre les Carthaginois. *P.* 327.
		Prise d'Athènes par les Lacédémoniens. Fin de la guerre du Péloponèse. Domination des Spartiates en Grèce. Gouvernement des trente tyrans à Athènes. *P.* 277.
	5	Artaxerxès II Mnémon, roi des Perses, succède à son père Darius II Nothus. *P.* 285.
	9	Alcibiade est assassiné en Phrygie par ordre des trente tyrans. *P.* 278.
403	2	Denys l'Ancien fait la conquête de plusieurs villes en Sicile. *P.* 327.
	5	Les trente tyrans d'Athènes sont déposés par Thrasybule, au bout de huit mois, et remplacés par dix autres magistrats appelés les Dix. *P.* 278.
	9	Empédocle, poëte comique grec, meurt âgé de 93 ans. *S.* 172.
402	1	Agis, roi de Sparte, envahit le territoire des Eléens et s'empare de leurs vaisseaux. *P.* 279.
	5	Les Dix sont déposés. Le gouvernement républicain rétabli a Athènes. Thrasybule proclame une amnistie devenue fameuse. *P.* 278.
	5	Mithridate, roi de Pont, succède à son père Rhobobatès. *S.* 63. — *A.*
	6	Préparatifs du jeune Cyrus contre Artaxerxès II Mnémon, son frère. *P.* 285.
401		**Révolte du jeune Cyrus;** sa marche à travers l'Asie Mineure et la haute Asie. *P.* 286.
		Bataille de Cunaxa, gagnée par Artaxerxès II Mnémon sur le jeune Cyrus, qui périt dans cette journée. *P.* 287.
		Retraite des Dix mille (Grecs). Ils traversent l'Assyrie, l'Arménie et la Colchide, sous la conduite de Xénophon. *P.* 290.

400	6	Marche des Dix mille par Trapezus, Chrysopolis à Parthenium. *P.* 293.
	5	Tissapherne est investi, dans l'Asie Mineure, de la même autorité qu'y exerçait le jeune Cyrus. Pharnabaze reçoit la Phrygie, la Syrie et l'Æolie. *P.* 299.
	8	Ctésias, historien et médecin grec, fait prisonnier à la bataille de Cunaxa, se fixe à la cour d'Artaxerxès Mnémon. (Gault.)
399	5	Licinius Calvus, premier tribun militaire plébéien. *DR.* 29.
		Expédition des Lacédémoniens dans l'Asie Mineure. *P.* 300.
	6	Les Dix mille, réduits à 6,000, passent sous le commandement de Thimbron.
	8	Platon, célèbre philosophe grec, visite la cour de Denys l'Ancien. *P.* 328.
	9	Socrate, le plus célèbre philosophe grec, boit la ciguë, à 70 ans. *C.* 514.
398	2	Dercyllidas, général lacédémonien, remplace Thimbron. Il fait des conquêtes sur Pharnabaze en Æolie. *P.* 300.
	8	Aristippe, de Cyrène, philosophe grec, disciple de Socrate, fonde une école à Cyrène. *C.* 531
397	1	Expédition d'Agésilas dans l'Asie Mineure. Il remplace Dercyllidas et ravage la Phrygie et la Carie. *P.* 301
396	1	Seconde guerre de Denys l'Ancien contre les Carthaginois. *P.* 328.
	2	Agésilas soumet l'Asie Mineure et marche vers le centre de l'empire des Perses. *P.* 301.
	3	Evagoras, roi de Salamine, soustrait l'île de Chypre à la domination des Perses. *P.* 320.
	9	Tissapherne, satrape de l'Asie Mineure, est mis à mort et remplacé par Tithrauste. *P.* 301.
395	2	Prise de Véies par Camille, dictateur romain. La paix est accordée aux Volsques et aux Eques. *DR.* 32.

	6	Ligue formée en Grèce contre Sparte. Rappel d'Agésilas. Il rentre en Grèce par la Thrace et la Macédoine. *P.* 302.
394	1	Combat naval de Cnide gagné par Conon sur les Spartiates, qui perdent l'empire de la mer.
	1	Bataille de Coronée gagnée par Agésilas sur les confédérés. Les Spartiates rentrent dans le Péloponèse. - *P.* 302, 303.
	2	Denys l'Ancien commence ses conquêtes dans la Grande-Grèce. *P.* 328.
	6	Conon rebâtit les murs d'Athènes et du Pirée. *P.* 303.
393	6	Antalcidas, Spartiate, vient implorer la paix auprès de Tiribaze, satrape de l'Asie Mineure, successeur de Tithrauste, pour détacher les Perses de la ligue formée en Grèce contre les Spartiates. *P.* 303.
392	1	Athènes veut reconquérir son ancien empire sur les mers. Conon parcourt les Cyclades, Chio, Lesbos, l'Ionie et l'Æolie, avec une flotte composée en majeure partie de navires persans, et les somme de reconnaître l'autorité de sa patrie. *P.* 303.
	6	Traité entre Denys l'Ancien et les Carthaginois. *P.* 328.
391	8	Camille, le vainqueur de Véies, cité en jugement par les tribuns, s'exile à Ardée. *DR.* 32. — *A.*
	9	Thucydide, d'Athènes, le plus parfait des historiens grecs, meurt âgé de 90 ans. Son récit de la guerre du Péloponèse, dont il fut l'un des principaux acteurs, est un des ouvrages les plus précieux qui nous soient parvenus. *C.* 512. — *S.* 172.
390		**Première invasion des Gaulois en Italie.** Prise et saccage de Rome par Brennus. Marcus Manlius défend le Capitole pendant sept mois. *DR.* 33.
	6	Alliance des Massaliotes avec les Romains. *C.* 12.
	8	Antisthène, d'Athènes, chef des philosophes cyniques, disciple de Socrate, vivait vers cette époque. *S.* 172.

	9	Zeuxis, d'Héraclée, peintre grec, meurt âgé de 88 ans. *S.* 172, 203.
389	1	Révolte de Chypre contre les Perses. *P.* 304.
	2	Thrasybule prend Byzance et range sous les lois d'Athènes Lesbos et Chio. *P.* 304.
	2	Denys l'Ancien s'empare de Locres, d'Hipponium et de Caulonia, dans la Grande-Grèce. *P.* 328.
	6	Rome est délivrée. Brennus se retire. *DR.* 33.
	8	Camille reçoit le surnom de second fondateur de Rome. *DR.* 34.
388	1	Les Volsques, les Eques, les Herniques, les Etrusques et une partie des Latins attaquent les Romains. Ils sont vaincus par Camille. *DR.* 34.
		Artaxerxès Mnémon dicte aux Grecs le **Traité d'Antalcidas.** Les villes grecques d'Asie, les îles de Clazomène et de Chypre, demeureront au roi. Les autres villes grecques seront toutes libres, etc. *P.* 320.
387	1	Artaxerxès Mnémon tourne toutes ses forces contre Evagoras, roi de Salamine. *P.* 320.
	2	Denys l'Ancien assiége et prend Crotone. *P.* 328.
	6	Les républiques grecques, menacées par Antalcidas, signent enfin le traité qu'elles avaient repoussé d'abord. *P.* 305.
386	1	Les Lacédémoniens assiégent Mantinée et détruisent ses fortifications. *C.* 307.
	1	Évagoras, roi de Salamine, vainqueur des Perses dans une première bataille, est défait dans un combat naval. *P.* 321.
385	6	Traité d'Evagoras, roi de Salamine, avec Artaxerxès Mnémon, roi des Perses. Evagoras s'engage à payer un tribu. Le reste de l'île de Chypre rentre sous la domination des Perses. *P.* 321.
383	1	Troisième guerre de Denis l'Ancien contre les Carthaginois. Elle n'obtient aucun résultat important. *P.* 328.
382	1	Expédition des Spartiates contre les Thraces.

	6	Thèbes, surprise par eux, perd son indépendance. Les Spartiates occupent Cadmée, citadelle de Thèbes. Quatre cents Thébains abandonnent la ville et se réfugient à Athènes. *C.* 308.
380	1	Révolte de Datame, satrape de Leuco-Syrie. Artaxerxès Mnémon le désarme en lui promettant sa grâce et le fait assassiner ensuite. *P.* 321.
	6	Alliance des Thraces Olynthiens avec Sparte. Polybiade, général lacédémonien, vainqueur des Thraces, leur accorde la paix, à condition qu'ils auront pour amis ou ennemis les amis ou ennemis de Sparte. *C.* 308.
378	5	Les Thébains recouvrent leur indépendance. Pélopidas et Épaminondas, qui s'étaient réfugiés à Athènes, introduits à Thèbes avec quelques conjurés, massacrent les tyrans réunis dans un festin. La garnison lacédémonienne rend la citadelle sans combat. *P.* 308.
375	2	Les Volsques, vaincus par les Romains, font leur soumission. *DR.* 34.
	5	Rome reste sans magistrats curules pendant cinq ans. *DR.* 34.
	6	Les Thébains devenus maîtres de la Béotie, s'allient avec Jason de Phère, roi des Thessaliens. *C.* 309.
	8	Parrhasius, d'Ephèse, peintre grec, vivait vers cette époque. *S.* 198.
374	1	La guerre se rallume entre Sparte et Athènes. *C.* 310.
	1	Guerre des Perses contre Achoris, roi d'Egypte. Le satrape Pharnabaze commande les Perses, Iphicrate, 20,000 Grecs auxiliaires. L'Egypte conserve son indépendance. *C.* 322.
371		**Bataille de Leuctres** gagnée par Épaminondas et Pélopidas, généraux thébains, sur Cléombrote, roi de Sparte.
		Puissance de Thèbes. Vainqueurs des Lacédémoniens, les Thébains deviennent les protecteurs de tous les peuples que ces derniers ont longtemps asservis. *C.* 311.
370	4	Jason, roi de Thessalie, est assassiné par sept jeunes gens, pour avoir voulu étendre sa tyrannie sur toutes les villes grecques. *C.* 313.

	5	Polydore et Polyphrone, ses frères, lui succèdent. *C.* 316.
	8	Eudoxe, de Cnide, célèbre géomètre grec, donne des lois à sa patrie. *S.* 172 (Picot).
369	1	Troubles dans l'intérieur du Péloponèse.
	1	Première invasion d'Epaminondas. Il arrive au secours des Arcadiens dont le territoire avait été envahi par les Spartiates, ravage la Laconie et s'avance jusque sous les murs de Sparte. Réduit, par la défection de ses alliés, à abandonner le Péloponèse, Epaminondas rentre dans la Béotie couvert de gloire. *C.* 314.
368	6	Pélopidas rend la liberté à la Thessalie et devient arbitre entre les successeurs d'Amynthas IV, roi de Macédoine. *C.* 316.
	1	Deuxième invasion d'Epaminondas dans le Péloponèse. Il est forcé de rentrer. *C.* 315.
	1	Quatrième guerre de Denys l'Ancien contre les Carthaginois. Il leur enlève Sélinonte, etc.
	5	Denys le Jeune, tyran de Syracuse, succède à Denys l'Ancien, son père, sous la tutelle de Dion. *P.* 328.
367	1	Bataille sans larmes, gagnée par les Spartiates sur les Arcadiens. Elle ne coûta pas un seul homme aux vainqueurs. *C.* 316.
	1	Deuxième invasion des Gaulois en Italie. Ils sont repoussés par Camille, dictateur pour la cinquième fois. *DR.* 35.
	6	Nouvelle expédition de Pélopidas dans la Macédoine. Sa captivité en Thessalie. Il est délivré par Epaminondas. *C.* 316.
366	6	Ambassade des Grecs à la cour de Perse. Artaxerxès Mnémon accorde son alliance aux Thébains. *C.* 317.
	1	Troisième invasion d'Epaminondas dans le Péloponèse. Il s'empare de l'Achaïe. *C.* 317.

Le consulat rétabli et partagé entre les patriciens et les plébéiens.

		La préture instituée en faveur des patriciens.
		L'édilité partagée entre les deux ordres. *DR.* 35.
365	2	Épaminondas équipe une flotte et gagne les villes de la mer Égée au parti de Thèbes. *C.* 317.
	6	Alexandre, de Phère, ruine les villes de la Thessalie. *C.* 318.
	9	Expédition et mort de Pélopidas en Thessalie. *C.* 318.
	9	Camille, le second fondateur de Rome, âgé de 80 ans, meurt victime de la peste qui s'était déclarée à Rome. *DR.* 35.
364	1	Nouveaux troubles excités par les Arcadiens dans le Péloponèse. Ils envahissent l'Elide, remportent une victoire sur les Spartiates et pillent le temple d'Olympie. *C.* 318.
363	1	Guerre des Romains contre les Herniques. *DR.* 35.
		Quatrième invasion d'Épaminondas dans le Péloponèse. **Bataille de Mantinée**, gagnée par les Thébains sur les Spartiates. **Mort d'Épaminondas. Fin de la puissance de Thèbes.** *C.* 319.
	5	Ariobarzane II, roi de Pont, succède à son père Mithridate Ier. *S.* 63.
	9	Dévouement de Curtius. Il se précipite dans un gouffre. *DR.* 35.
362	1	Troisième invasion des Gaulois en Italie. Titus Manlius (Torquatus) tue un géant ennemi. Les Gaulois se retirent. *DR.* 35.
	1	Révolte en Perse. Expédition d'Agésilas en Égypte. La révolte échoue.
	5	Ochus, roi de Perse, succède à son père Artaxerxès Mnémon. *P.* 323.
	9	Agésilas, meurt en Libye, âgé de 84 ans. *P.* 323.
	9	Démocrite, philosophe grec, meurt âgé de 109 ans. *S.* 172.
360	5	Philippe II, roi de Macédoine, succède à son frère Perdiccas III. *C.* 338.
	6	La phalange macédonienne était composée de 16000 hommes partagés en dix brigades dont chacune avait 100 hommes de front et 16 de profondeur, tous armés de boucliers de six pieds et de piques de vingt et un pieds. *A.*

	6	Denys le Jeune, tyran de Syracuse, exile Dion et lui enlève sa femme. *P.* 329.
359	1	Quatrième invasion des Gaulois en Italie. Ils sont défaits par le dictateur Sulpicius. *DR.* 36.
	2	Les Herniques, vaincus, se soumettent aux Romains. *DR.* 35.
358		**Guerre sociale en Grèce.** Chio, Cos, Rhodes et Byzance se soulèvent contre Athènes. *C.* 339.
	1	Révolte d'Artabaze, satrape d'Ionie. Il est secouru par les Athéniens et les Thébains. *P.* 324.
	6	Dion rentre en Sicile pendant que Denys le Jeune séjournait en Italie. Il se rend maître de Syracuse. La citadelle reste au pouvoir de Denys le Jeune. *P.* 329.
357	2	Philippe II, roi de Macédoine, fait des conquêtes sur les côtes et dans l'intérieur de la Thrace. Il s'empare d'Amphipolis, Pydna, Potidée et Crénides (Philippes). *P.* 338.
	6	Denys le Jeune se retire à Locres et tyrannise cette ville pendant six ans. *P.* 329.
	6	Discordes à Syracuse. Dion est forcé de sortir de la ville. *P.* 329.
356		**Fin de la guerre sociale.** Chio, Cos, Rhodes et Byzance deviennent indépendantes. *C.* 340.
	1	Artabaze succombe et se sauve en Macédoine.
	5	Dion est rappelé à Syracuse. *P.* 329.
	5	Marcius Rutilus, 1er dictateur plébéien à Rome.
	1	Victoire des Romains sur les Etrusques. *DR.* 36.
	8	Erostrate brûle le temple de Diane à Ephèse. *S.* 194.
355		**Guerre sacrée contre les Phocidiens** qui cultivèrent le champ Cyrrhéen, consacré à Apollon. Les Phocidiens ont pour alliés les Athéniens, les Lacédémoniens et quelques peuples du Péloponèse. *C.* 340.

	9	Xénophon, d'Athènes, habile général, grand philosophe, grand historien, meurt âgé de 90 ans. Il a décrit la retraite des Dix mille. *S.* 172.
354	1	Révolte de la Phénicie et de l'île de Chypre contre les Perses. Sidon est détruite. La Phénicie et Chypre sont réduites. *P.* 324.
		L'Égypte redevient province des Perses, après la bataille de Péluse, gagnée par Ochus sur Nectanebis II, roi d'Égypte. *P.* 325.
	5	Callipe (Athénien) s'empare du pouvoir à Syracuse, après avoir assassiné Dion. *P.* 329.
353	5	Hipparinus, frère de Denys, s'empare du trône de Syracuse, après avoir chassé Callipe. *P.* 329.
352	1	Les Falisques et les Tarquiniens sont vaincus par les Romains, qui leur accordent une trêve de 40 ans. *DR.* 36.
351	1	Ochus ravage la Judée et transporte une partie de sa population dans l'Hyrcanie. *C.* 491.
	5	Nypsius, général syracusain, proclamé roi, remplace Hipparinus. *P.* 329.
350	1	Cinquième et dernière invasion des Gaulois en Italie. Battus par les Romains, ils passent l'hiver aux environs d'Albe. *DR.* 36.
	1	Expédition de Philippe II, roi de Macédoine, dans le Péloponèse. Il délivre Mégalopolis, dont le territ. avait été envahi par les Lacédémoniens. *C.* 343.
349		**Les Gaulois, vaincus par les Romains, cessent de les attaquer.**
	8	Valérius, tribun légionnaire, qui avait tué un Gaulois dans un combat singulier, reçoit le surnom de Corvus. *DR.* 36.
347	1	Prise et destruction d'Olynthe, métropole de trente-deux villes de la péninsule de Pallène, par Philippe II, roi de Macédoine. Les Athéniens, alarmés, se déclarent contre lui. *C.* 344.
	5	Denys le Jeune ressaisit le pouvoir à Syracuse, après avoir mis en fuite Nypsius. *P.* 330.

	9	Platon, philosophe grec, fondateur de l'école académique à Athènes, meurt âgé de 81 ans. *S*. 172. — *C*. 513.
345	2	Cumes passe sous les lois des Romains. *P*. 441.
		Fin de la guerre sacrée. Philippe II, roi de Macédoine, vainqueur, est admis dans le conseil amphictyonique.
		Commencement de la domination macédonienne en Grèce. *C*. 345.
		Exploits et administration de Timoléon en Sicile. Denys le Jeune est chassé. Le gouvernement républicain est rétabli à Syracuse. *P*. 330.
344	6	Phocion et Démosthène conseillaient aux Athéniens l'un la paix, l'autre la guerre contre Philippe II, roi de Macédoine. Les Athéniens observent mal la paix et font la guerre avec mollesse. *C*. 346.
	8	Eschine, orateur athénien, rival de Démosthène, vivait vers cette époque, *S*. 47 (Gaultier).
343		**Guerre des Romains contre les Samnites.** Elle dura 71 ans, eut six trêves et peut être subdivisée en six guerres distinctes. *DR*. 38.
	5	Timoléon rétablit le gouvernement républicain dans toutes les villes grecques de la Sicile. *P*. 330.
	6	Deuxième traité de commerce entre Rome et Carthage. Tyr et Utique en font partie. *DR*. 29.
341	1	Fin de la première guerre des Samnites. L'ancienne alliance avec les Romains est rétablie. *DR*. 40.
340	1	Timoléon remporte une victoire signalée sur les Carthaginois. *P*. 330.
	1	Philippe II assiége Byzance. Phocion la dégage et ravage les côtes de la Thrace. *C*. 347. — *A*.
	1	Soulèvement des Latins contre les Romains.
	9	Manlius Torquatus sacrifie son fils à la discipline militaire. *DR*. 41.

	9	Décius Mus se dévoue aux dieux mânes. Les Latins sont battus.
339	6	Trois lois de Publius Philo sont adoptées par le sénat romain. 1° Les plébiscites seront (de nouveau) obligatoires pour le sénat; 2° les lois seront ratifiées par le peuple; 3° sur les deux censeurs, il y en aura toujours un tiré du peuple. *DR.* 38.
338		**Guerre sacrée** contre les Locriens.
		Bataille de Chéronée gagnée par Philippe II sur les confédérés. **Domination macédonienne en Grèce.** *C.* 347.
	2	Les Latins vaincus, sont de nouveau reçus dans l'alliance de Rome.*DR.*42.
	5	Arsès, roi des Perses, succède à son père Ochus. *P.* 325.
	9	Isocrate, d'Athènes, orateur grec, meurt âgé de 98 ans. *S.* 172.
337	5	Les plébéiens sont admis à la préture *DR.* 38.
	5	Mithridate II, roi de Pont, succède à son père Ariobarzane II. *C.* 476.—*A.*
	6	Philippe II, roi de Macédoine, est nommé par le conseil amphictyonique généralissime des Grecs contre les Perses. *C.* 346.
	9	Timoléon meurt en Sicile, au milieu des bénédictions d'un peuple entier. *P.* 330.
336		**Alexandre III (le Grand)**, roi de Macédoine, âgé de 20 ans, succède à son père **Philippe II.** *C.*356.
	5	Darius Codoman, roi de Perse, placé sur le trône par Bagoas, premier ministre, après la mort d'Arsès, son cousin, qui avait été assassiné par ce même Bagoas. *P.* 325.
335	1	Expédition d'Alexandre III contre une ligue formée par les Athéniens et les Thébains. Il accorde la paix aux Athéniens, prend et détruit Thèbes et rentre dans la Macédoine. *P.* 357.
	6	Préparatifs d'Alexandre III (le Grand) contre les Perses. *P.* 357.
	8	Aristote, de Stagyre, ville de Macédoine, disciple de Platon, fonde l'école des péripatéticiens ou du Lycée, à Athènes. *C.* 532.

334		**Bataille du Granique** en Phrygie, gagnée par Alexandre III (le Grand) sur les Perses. **Conquête de l'Asie Mineure.** *P.* 358.
	6	Alexandre III coupe le célèbre nœud gordien à Gordium, force les portes siliciennes et tombe malade à Terse, pour s'être baigné dans les eaux froides du Cydnus. *P.* 360.
	9	Memnon, le plus habile général perse, périt au siége de Mitylène. *P.* 359.
333		**Bataille d'Issus** gagnée par Alexandre le Grand sur 500,000 Perses et 30,000 mercenaires grecs. Il respecte la famille de Darius Codoman, tombée en son pouvoir. **Conquête de la Célésyrie.** *P.* 360.
332		**Conquête de Chypre, de la Phénicie et de la Palestine,** par Alexandre le Grand. **L'Égypte se soumet** sans combat. *S.* 53. — *P.* 360.
	4	Alexandre Ier, roi d'Epire, en Italie. Il périt dans un combat. *DR.* 53.
	6	Les Samaritains, chassés de Samarie, se réfugient à Sichem. *C.* 492.
	8	Apelle, chef des peintres grecs, vivait vers cette époque. *S.* 172. — *C.* 546.
331	6	Alexandrie, ville d'Égypte, est fondée par Alexandre le Grand.
	6	Il se fait déclarer fils de Jupiter par les prêtres du temple d'Ammon en Libye. *P.* 361.
		Bataille d'Arbelles gagnée par Alexandre le Grand sur Darius Codoman. **Conquête de la Babylonie, de la Perse et de la Médie.** *P.* 61.
330	1	Les Thraces se révoltent. Les Spartiates arment 20,000 hommes contre la Macédoine. Les premiers sont domptés, les seconds sont vaincus par Antipater, gouverneur de la Macédoine. *P.* 362.
		La Médie atropatène se rend indépendante des rois de Perse. *S.* 61.
		Darius Codoman est assassiné par deux de ses satrapes. **Fin de l'empire des Perses.** *P.* 362.
329		**Conquête de la haute Asie par Alexandre le Grand.**

Il adopte les coutumes des Perses, ce qui excite les murmures de l'armée. Plusieurs conspirations furent tramées contre sa vie. Jusqu'alors généreux, confiant, sobre, Alexandre devient sévère, soupçonneux et cruel, en même temps qu'il s'abandonne à l'intempérance. *P.* 362.

328 **L'Arménie est conquise par Alexandre le Grand**, sous Vahé, dernier roi haiganien. *S.* 62.

8 Lysippe, de Sicyone, très-habile sculpteur, avait seul le droit de faire la statue d'Alexandre le Grand. (Picot).

9 Callisthènes, philosophe grec, est mis à mort par Alexandre le Grand. *P.* 361.

327 **Alexandre le Grand gagne sur les Scythes une bataille** au delà du Jaxarte.

1 Trois révoltes de la Sogdiane et de la Bactriane comprimées. *P.* 363

6 Alexandre épouse Roxane, fille d'un seigneur perse. *P.* 363. — *P. de B.*
Expédition d'Alexandre le Grand dans l'Inde. *P.* 364.

1 Deuxième guerre des Romains contre les Samnites. *DR.* 42.
Institution du proconsulat à Rome. *DR.* 42.

326 **2** Prise de Palépolis, une des plus florissantes villes de la Campanie, par Publius Philo, proconsul romain. *DR.* 43.

6 Alliance des Romains avec Neapolis (Naples) et les Apuliens. *DR.* 43.

325 **6** Alexandre le Grand, après avoir étendu sa domination jusqu'à l'Hyphase et l'Indus, se met en marche sur Babylone. Il fait mettre à mort plusieurs gouverneurs coupables de concussion.

8 Néarque, embarqué sur la flotte, visite les côtes de l'empire, depuis l'Indus jusqu'au Tigre. *P.* 365.

324 **Retour d'Alexandre le Grand à Babylone.** Sa prodigieuse activité et la force de son génie s'exercent sur les plans de commerce, de réformes générales, d'administration intérieure, etc. *P.* 365.

	6	Il épouse Statira, fille de Darius Codoman, et fait épouser à 10,000 Grecs ou Macédoniens des femmes persanes. *P.* 366.
323	1	Fin de la deuxième guerre des Samnites. Commencement de la troisième. *DR.* 43.
		Mort d'Alexandre le Grand. *P.* 367.
	5	Alexandre Aigu, son fils posthume, proclamé roi conjointement avec Arrhidé, frère d'Alexandre le Grand.
	8	Régence de Perdiccas. Division de l'empire en 34 gouvernements. *P.* 370.
	1	Guerre lamiaque. Les Grecs sont vaincus par Antipater. *P.* 372.
	1	Révolte des Grecs dans la haute Asie. Ils sont exterminés. *P.* 372.
	9	Diogène, philosophe cynique grec, meurt âgé de 81 ans. (Picot).
		Quatrième période des lettres, des sciences et des arts chez les Grecs. *P.* 517.
322	4	Résistance et mort d'Ariarathe II, roi de Cappadoce. *P.* 373.
	8	Pyrrhon, philosophe grec, chef des sceptiques (qui doutaient de tout), professait vers cette époque à Elis. *C.* 535.
	9	Aristote, précepteur d'Alexandre le Grand, l'esprit le plus universel, meurt à Chalcis, en Eubée, âgé de 62 ans. *C.* 532.
	9	Démosthène, le plus célèbre orateur grec, meurt âgé de 59 ans. *S.* 172. — *C.* 513.
321		**Première ligue des gouverneurs** (Antipater, Cratère, Antigone et Ptolémée) contre Perdiccas et Eumène. Perdiccas est massacré. *P.* 374.
	6	Fourches Caudines. L'armée romaine, cernée par les Samnites dans les Fourches Caudines, près de Bénévent, se rend à Hérennius, qui la fait passer sous le joug. *DR.* 43.
	8	Les tapisseries inventées à Pergame. *S.* 181.
320	8	Régence de Pithon. Il s'en démet peu après.

	8	Régence d'Antipater, il meurt la même année.	
	8	Régence de Polysperchon.	*P.* 371, 375.
		Fin du royaume de Carie. Il est réuni à l'empire.	
		Seconde ligue des gouverneurs contre Polysperchon et Eumène.	*P.* 375.
	5	Sosistrate, usurpateur à Syracuse.	*S.* 32. — *P.* 330.
	8	Praxitèle, sculpteur grec, vivait vers cette époque.	*S.* 172.
319	6	Préparatifs de Polysperchon et de ses rivaux.	
	6	Eumène, gouverneur de l'Asie Mineure, sort de Nora, où Antigone le tenait assiégé, et passe dans la haute Asie.	*P.* 376.
318	1	Fin de la troisième guerre des Romains contre les Samnites. Trève de deux ans.	*DR.* 41.
	2	Capoue se soumet aux Romains.	*DR.* 44.
	1	Guerre en Grèce. Polysperchon s'empare d'Athènes ainsi que d'autres villes.	*C.* 377.
	9	Pnocion, gouverneur d'Athènes, est mis à mort.	
	8	Démétrius de Phalère est nommé administrateur d'Athènes par Cassandre, qui a repris la ville.	
317	1	La flotte royale est détruite dans l'Hellespont par celle d'Antigone. Eumène bat Antigone dans la haute Asie.	*P.* 378.
	5	Agathoclès devient tyran de Syracuse.	*P.* 442.
	6	Dissensions dans la famille d'Alexandre le Grand.	*C.* 377.
316	1	Quatrième guerre des Romains contre les Samnites.	*DR.* 44.
	2	Cassandre se rend maître de la Macédoine et de presque toutes les villes de la Grèce. Polysperchon ne conserve que le nord du Péloponèse. *P.* 378.	
	9	Olympias, mère d'Alexandre le Grand, est mise à mort par Cassandre.	*P.* 378.

315	9	Eumène est vaincu et mis à mort par Antigone. *P.* 378.
	2	Antigone devient maître de toute l'Asie, de la Phénicie et de la Palestine, comme Cassandre de la Grèce. *P.* 378.
		Troisième ligue. Lysimaque, gouverneur de Thrace ; les deux Cassandre : l'un gouverneur de Macédoine, l'autre de Carie ; Ptolémée, gouverneur d'Égypte, et Séleucus, gouverneur de Babylone, contre Antigone et Démétrius Poliorcètes, son fils. *P.* 379.
314	1	La guerre entre les gouverneurs commence. Elle se fait simultanément en Grèce, en Asie Mineure, en Syrie, en Phénicie et en Palestine. *P.* 380.
313	2	Les Romains font la conquête de la Campanie. Ils y envoient des colonies. *DR.* 45.
312	1	Guerre entre les gouverneurs à Babylone et dans la haute Asie. Séleucus s'empare de la Médie, de la Suziane et de la Babylonie. *P.* 380.
	8	Censure d'Appius Claudius à Rome. Elle s'est rendue fameuse par la construction d'un aqueduc et de l'impérissable voie Appienne qui conduit de Rome à Capoue. *DR.* 47.
311	1	Les Étrusques et les Ombriens se joignent aux Samnites. *DR.* 45.
		Ère des Séleucides. Elle date de l'entrée triomphale de Séleucus à Babylone. *P.* 381.
		Traité de paix entre les gouverneurs.
	4	Alexandre Aigu et sa mère Roxane sont mis à mort par Cassandre.
		Nouveau royaume de Macédoine. Cassandre gouverne.
310	1	Agathoclès, assiégé à Syracuse par les Carthaginois, passe en Afrique et remporte des victoires. *P.* 442.
	2	Les Romains, vainqueurs des Ombriens et des Étrusques, reçoivent les uns dans leur alliance et accordent aux autres une trêve de 30 ans. *DR.* 46.
	4	La postérité d'Alexandre le Grand s'éteint par la mort de son fils naturel Hercule, qui fut assassiné par Polysperchon. *P.* 382.

309	1	Victoire de Longula, près du lac Averne, remportée sur les Samnites par le dictateur Papirius Cursor. *DR. 46.*
	1	Les Etrusques reprennent les armes contre les Romains. Vaincus aux bords du lac Vadimone et à Pérouse, ils obtiennent une nouvelle trêve. *DR. 46.*
308		**Quatrième ligue** de Lysimaque, Cassandre, Séleucus et Ptolémée contre Antigone et Démétrius Poliorcètes. *P. 383.*
	1	Première expédition de Démétrius en Grèce. Il s'empare d'Athènes et de Mégare. *P. 383.*
	8	Démétrius de Phalère, administrateur d'Athènes, condamné à mort, se sauve en Egypte. *A.*
	1	Expédition de Ptolémée en Grèce. Il s'empare de Sicyone et de Corinthe.
307	1	Expédition de Démétrius Poliorcètes en Chypre. Ptolémée, vaincu dans une bataille navale, se sauve en Egypte. *P. 384.*
		Cinq gouverneurs prennent le titre de rois, Antigone, d'Asie Mineure et de Syrie; Cassandre, de Macédoine; Lysimaque, de Thrace; Ptolémée, d'Egypte; Séleucus, de haute Asie.
306	6	Agathoclès, vaincu par les Carthaginois, se sauve à Syracuse. *P. 442.*
	1	Expédition d'Antigone et de Démétrius Poliorcètes en Egypte. Ils sont repoussés. *P. 384.*
305	6	Agathoclès conclut la paix avec les Carthaginois. *P. 442.*
	1	Expédition de Démétrius dans l'île de Rhodes, où il reçoit le surnom de Poliorcètes (preneur de villes), quoiqu'il n'eût pu prendre la ville de Rhodes. *P. 384.*
	1	Expédition de Séleucus dans l'Inde. Il pénètre jusqu'au Gange et termine la guerre par un traité de paix avec le roi Sandrocottus. *C. 384. — C. 461.*
304	1	Fin de la quatrième guerre des Samnites. Vaincus, ils sont de nouveau admis dans l'alliance des Romains.

	4	La nation des Eques, alliés des Samnites, est détruite par les Romains. *DR. 47.*
303	1	Progrès de Cassandre en Grèce. Il assiége Athènes.
	1	Seconde expédition de Démétrius Poliorcètes en Grèce. Vainqueur de Ptolémée, de Cassandre et de Polysperchon, Démétrius est proclamé chef de tous les Grecs. *P. 385.*
302	1	Les confédérés renouvellent leur ligue. Ils remportent des avantages sur Antigone, qui rappelle Démétrius Poliorcètes de la Grèce. *P. 385.*
	5	Mithridate III, roi de Pont, succède à son père Mithridate II. *S. 63.*
301		**Bataille d'Ipsus**, gagnée par Lysimaque et Séleucus sur Antigone et Démétrius Poliorcètes. *P. 385.*
		Partage définitif de l'empire d'Alexandre en quatre royaumes.
		La Macédoine. Cassandre, roi. *P. 386.*
		La Thrace. Lysimaque.
		La Syrie. Séleucus.
		L'Égypte. Ptolémée.
		La civilisation grecque se propage en Asie et en Égypte. Alexandrie devient une seconde Athènes. *P. 387.*
300	5	La Cappadoce recouvre son indépendance. Ariarathe III, profitant de la guerre entre les successeurs d'Alexandre le Grand, remonte sur le trône de son père. *C. 478. — A.*
	6	Les plébéiens sont admis aux fonctions sacerdotales à Rome. *DR. 48.*
299	1	Agathoclès, tyran de Syracuse, prend Crotone, égorge ses habitants et pille leur ville. *P. 441.*
	1	Cinquième guerre des Samnites. Elle dura 9 ans. *DR. 48.*
	5	L'adjonction d'un plébéien à un patricien, pour le consulat, devient obligatoire. *DR. 48.*

298	5	Philippe, fils de Cassandre, roi de Macédoine, succède à son père. *P.* 389.
297	5	Antipater et Alexandre, rois de Macédoine, succèdent à leur frère Philippe. *P.* 389.
	6	Démétrius Poliorcètes commence à se relever. Il marie à Séleucus, roi de Syrie, sa fille Stratonice (Vénus Stratonice). Il assiége et prend Athènes, et soumet, dans l'espace de deux ans, toute la Grèce, excepté l'Epire. *P.* 389.
295	1	Les Étrusques, les Ombriens et les Gaulois Boïens s'unissent aux Samnites contre les Romains. Ils sont vaincus. *DR.* 49.
	9	Décius Mus procure la victoire aux Romains en se dévouant, à l'exemple de son père. *DR.* 49.
	5	Démétrius Poliorcètes est proclamé roi de Macédoine. *P.* 389.
	5	Pyrrhus II et Néoptolème III, rois de l'Epire, puis Pyrrhus seul. *A.*
294	2	Conquête définitive de l'île de Chypre par Ptolémée Soter, roi d'Égypte. *P.* 449.
	6	Séleucus, roi de Syrie, cède à son fils Antiochus sa femme Stratonice et la haute Asie comprise entre le Taurus et l'Indus. *P.* 391.
293	2	Agathoclès, tyran de Syracuse, se saisit d'Hipponium. *P.* 442.
292	9	Ménandre, Athénien, poëte comique grec, le père de la comédie nouvelle, meurt âgé de 50 ans. *C.* 512, 521.
290	1	Fin de la cinquième guerre des Samnites. Ils sont vaincus, ainsi que leurs alliés.
		La domination de Rome s'étend désormais jusqu'à la mer Adriatique. *DR.* 50.
289	2	Démétrius Poliorcètes se rend maître de presque toute la Grèce. *P.* 390.
	1	Guerre entre Démétrius et Pyrrhus, qui délivre l'Ætolie de la domination macédonienne. *P.* 390.
	5	Le gouvernement démocratique est rétabli à Syracuse après la mort d'Agathoclès. *P.* 442.

	6	Les Mamertins, mercenaires d'Agathoclès, s'emparent de Messane (Messine). *P.* 443.
288	6	Démétrius Poliorcètes, roi de Macédoine, se prépare à reconquérir, en Asie, les États perdus par son père Antigone. Il construit 500 galères et rassemble 110,000 soldats. *P.* 390.
287		**Ligue contre Démétrius Poliorcètes.** Ptolémée débarque en Grèce. *P.* 390.
	5	Pyrrhus et Lysimaque s'emparent de la Macédoine.
		Renaissance de la liberté en Grèce.
		Les **Ætoliens** et les **Spartiates** étaient toujours libres. *P.* 402.
	6	Le peuple romain se retire sur le mont Janicule. La prise de corps pour dettes est abolie. *DR.* 51.
286	2	Ptolémée Ier Soter, roi d'Égypte, achève la conq. de la Célésyrie. *P.* 449.
	2	Thurium subit l'alliance de Rome. *P.* 441.
	5	Lysimaque dépouille Pyrrhus et réunit la Macédoine à la Thrace. *P.* 391.
	6	Pyrrhus détruit la domination macédonienne dans la Thessalie. *P.* 402.
	8	Euclide, célèbre géomètre grec, vivait vers cette époque. *C.* 539.
	9	Théophraste, philosophe grec, meurt âgé de 85 ans. *S.* 172.
285	1	Démétrius Poliorcètes est défait en Syrie, par Séleucus, et enfermé dans une prison. *P.* 391.
	5	Antigone de Goni, son fils, lui succède.
	5	Ptolémée II Philadelphe (qui aime son frère), roi d'Égypte après l'abdication de son frère Ptolémée Ier Soter. *C.* 450.
	8	Ptolémée Céraunus (le Foudre), son frère aîné, se retire en Thrace, auprès de Lysimaque.
284	8	Berose (Chaldéen), prêtre de Bélus à Babylone, historien distingué, vivait vers cette époque. Il a fait une histoire des Chaldéens dont quelques fragments ont été conservés. *S.* 172. — *C.* 527. (Picot).

283	1	Sixième et dernière guerre des Romains contre les Samnites et leurs alliés les Lucaniens, les Brutiens et les Gaulois Sénonais. *DR.* 51.
	4	Les Gaulois Sénonais sont presque entièrement exterminés par les Romains. *DR.* 51.
		Royaume de Pergame, dans l'Asie Mineure, détaché du royaume de Thrace par Phyletère, trésorier de Lysimaque. *A.*
282	1	Les Samnites, les Lucaniens et les Brutiens sont battus par les Romains. *DR.* 51.
	4	Lysimaque, roi de Thrace, de Macédoine et de l'Asie Mineure, est vaincu et tué en Phrygie.
	5	Séleucus, roi de Syrie, vainqueur de Lysimaque, se fait proclamer roi de Macédoine et de Thrace. Il laisse à Antiochus, son fils, la Syrie et l'Asie Mineure. *P.* 391.
281	1	Guerre des Romains contre les Tarentins. *DR.* 52.
	4	Séleucus est assassiné par Ptolémée Céraunus. *P.* 391.
	5	Antiochus Ier Soter, son fils, lui succéde en Syrie.
	5	Ptolémée Céraunus s'empare de la Macédoine et de la Thrace. *P.* 392.
	5	La Phocide, la Locride et la Mégaride redeviennent libres. *P.* 403.
		Pyrrhus II, roi d'Épire, appelé par les Tarentins, passe en Italie.
		Bataille d'Héraclée gagnée par Pyrrhus sur les Romains. *DR.* 53.
	6	Troisième traité de commerce entre Rome et Carthage. *DR.* 59.
		Invasion des Gaulois en Macédoine et en Thrace.
		La Thrace sous la domination des Gaulois. *P.* 393.
		La ligue achéenne formée. *P.* 403, 412.
	1	Bataille d'Asculum entre Pyrrhus et les Romains. Pyrrhus est blessé. La victoire reste indécise. *DR.* 54.
	9	Décius Mus, consul, se dévoua dans cette bataille, à l'exemple de son père et de son aïeul. *DR.* 54.

	5	Méléagre, roi de Macédoine, succède à son frère Céraunus, qui fut tué dans l'invasion des Gaulois. *C.* 293. — *S.* 56.
278		**Pyrrhus,** appelé par les Carthaginois contre les Syracusains, **passe en Sicile.** *DR.* 54. — *S.* 443.
		Invasion des Gaulois en Grèce. Ils sont exterminés. *P.* 394.
	5	Antipater, fils de Cassandre, roi de Macédoine pour la deuxième fois. **La Galatie ou Gallo-Grèce fondée.** *C.* 485.
	·8	Manéthon, historien égyptien, vivait vers cette époque. *S.* 172.
277	2	Crotone subit l'alliance de Rome. *P.* 441.
		Version des Septante. Ptolémée II Philadelphe, roi d'Égypte, fait traduire en grec les livres de Moïse. Cette traduction est appelée des Septante, parce que 70 Juifs y furent employés. *A.*
276	5	Antigone de Goni, fils de Démétrius Poliorcètes, entre en possession de la Macédoine.
	1	Un parti de Gaulois, qui revint attaquer la Macédoine est détruit par Antigone de Goni. *P.* 394.
275		**Pyrrhus,** rappelé par les Tarentins, **rentre en Italie** avec 23,000 hommes. *DR.* 55.
	1	Bataille de Bénévent gagnée sur Pyrrhus par les Romains.
	2	Locres subit l'alliance de Rome. *P.* 441.
	6	Hiéron, général, élu chef de l'armée syracusaine, taille en pièces les Mamertins. *P.* 443.
		Pyrrhus rentre dans l'Épire avec 8,000 hommes. *DR.* 55.
274	5	Pyrrhus chasse Antigone de Goni et se fait proclamer roi de Macédoine. *P.* 395.
273	2	Tarente subit l'alliance de Rome. *P.* 441.
	6	Ptolémée Philadelphe, roi d'Égypte, conclut un traité d'alliance avec les Romains. *DR.* 55. — *C.* 451.

272		**Fin de la guerre des Samnites.** Les Lucaniens, les Brutiens et les Samnites se soumettent aux Romains. *DR.* 55.
		Expédition et mort de Pyrrhus dans le Péloponèse. *P.* 395.
	5	Alexandre II, son fils, lui succède en Épire.
	5	Antigone de Goni rentre dans la possession de la Macédoine. *P.* 395.
	8	Timocharès, astronome grec, vivait vers cette époque. *S.* 172.
271	2	Rhegium subit l'alliance de Rome. *P.* 441.
270	9	Épicure, d'Athènes, philosophe grec, fondateur de l'école qui porte son nom, meurt âgé de 72 ans. Il ne s'occupait que de la morale, qui, seule, conduit l'homme au bonheur. Après lui, l'épicurisme substitua les plaisirs grossiers des sens aux plaisirs purs de l'âme. *S.* 172.—*C.* 536 (Gaultier).
269	5	Le gouvernement démocratique est aboli à Syracuse. Hiéron II, chef de l'armée, proclamé roi, assure aux Syracusains le bonheur et la prospérité. *C.* 443.
268	2	Les Picentins sont réduits; Asculum, leur capitale, est prise par les Romains. *DR.* 56.
	2	Antigone de Goni prend Athènes et met une garnison dans le musée. *P.* 405.
	6	La défaite des Salentins rend les Romains maîtres du port de Brindes. *DR.* 56.
267	1	Alexandre II, roi d'Épire, envahit la Macédoine. Chassé par Démétrius, fils d'Antigone, il est dépouillé de l'Épire, qu'il recouvre bientôt après. *P.* 405.
	2	Mégare, la Phocide et la Locride subissent la loi d'Antigone de Goni. La moitié de la Grèce centrale lui obéit alors. *P.* 405.
266	2	Les Messapiens font leur soumission aux Romains. *DR.* 56.
	5	Mithridate IV, roi de Pont, succède à son père Mithridate III. *C.* 476.—*A.*

265	**Conquête définitive de l'Italie du centre et du midi par les Romains.** Leur domination s'étendait alors depuis le détroit de Messine jusqu'à la rive méridionale du Pô. *DR*. 56.
6	Rapports des Ætoliens avec Antigone de Goni. Ils s'approprient la moitié des villes de l'Acarnanie. *P*. 406.
264	**Commencement des guerres et des conquêtes des Romains à l'extérieur.**
	Première guerre punique. La Sicile en fut le théâtre. *DR*. 59.
6	Établissement des combats de gladiateurs à Rome. *DR*. 64.
9	Zénon, de Citium en Chypre, philosophe grec, chef des stoïciens (élèves du Portique), meurt âgé de 98 ans. *S*. 172. — *C*. 537.
263	**Premières conquêtes des Romains en Sicile.** Soixante-sept villes reconnaissent leur domination. *DR*. 60.
6	Hiéron II, roi de Syracuse, est admis dans l'alliance de Rome. Il l'observa religieusement jusqu'à sa mort. *DR*. 60.
5	Eumène, roi de Pergame, succède à son oncle Philétère. *A*.
260	**Première bataille navale des Romains.** Duilius Nepos bat les Carthaginois en allant à l'abordage. On éleva en son honneur une colonne rostrale. *DR*. 61.
5	Antiochus II Théos (Dieu), roi de Syrie, succède à son père Antiochus Soter. *C*. 463.
259	1 Les Carthaginois sont chassés de la Corse et de la Sardaigne par L. Cornélius Scipion, général romain. *DR*. 61.
256	1 Régulus, général romain, porte la guerre en Afrique. Il s'empare de plusieurs places. Tunis, la seconde ville de l'Afrique, lui ouvre ses portes. *DR*. 62.
6	Les Lacédémoniens envoient Xantippe et un certain nombre de leurs guerriers au secours de Carthage. *P*. 406.

255		**Le démembrement de l'empire des Séleucides commence.**
		Royaume des Parthes Arsacides détaché de l'empire des Séleucides. Arsace, premier roi.
		Royaume de Bactriane détaché de l'empire des Séleucides. Théodate se fait proclamer roi. *C.* 461.
	6	Régulus, vaincu en Afrique par Xantippe, est fait prisonnier. *DR.* 62.
253	5	Arsace II Tiridate, roi des Parthes, succède à son frère Arsace Ier. *S.* 61. — *C.* 473.
252	8	Théocrite, de Syracuse, poëte grec, vivait vers cette époque. *S.* 201.
251	2	Antigone de Goni s'empare de la citadelle de Corinthe et la joint à la ville qu'il possédait déjà. *P.* 406.
	6	Aratus ranime l'indépendance hellénique expirante. Il délivre Sicyone, sa patrie, de la domination des tyrans, et la réunit à la ligue achéenne. *P.* 407.
250	5	Aratus, âgé de 20 ans, est élu, pour la première fois, stratège des Achéens. *P.* 408.
	6	Antiochus Théos répudie Laodice, et épouse Bérénice, fille du roi d'Égypte. *C.* 464.
	8	Les horloges d'eau inventées chez les Égyptiens. *S.* 181.
	9	Régulus, renvoyé à Rome sur parole, retourne à Carthage mourir dans les fers. *DR.* 62.
249		**Quatrième dynastie en Chine. Les Tsin.** Par ses usurpations, le prince de Tsin parvint à reléguer l'empereur Tcheou Kiun dans un village, où celui-ci mourut dans l'obscurité et la misère. *A.*
247	5	Ptolémée III Évergète (Bienfaisant), roi d'Égypte, succède à son père Philadelphe. *C.* 451.
	8	Eratosthène, de Cyrène, célèbre géomètre et astronome grec, fut pré-

		posé, par Évergète, à la garde de la bibliothèque d'Alexandrie, qui comptait 700,000 volumes. *C.* 541.
246	5	Séleucus III Callinicus (Victorieux), roi de Syrie, succède à son père Antiochus II, mort empoisonné par Laodice. *C.* 464.
	9	Bérénice est aussi assassinée par Laodice. *C.* 464.
	1	Pour venger la mort de sa sœur, Ptolémée Évergète envahit la Syrie, pénètre jusque dans la Bactriane, et rapporte en Égypte les images des dieux que Cambyse avait enlevés.
244	5	Avénement d'Agis III, roi de Sparte. *P.* 414.
243	2	Aratus délivre de la domination macédonienne Corinthe, Mégare, Trézène et Épidaure. Mégalopolis, cap. de l'Arcadie, s'unit à la ligue achéenne.
	2	La Parthie est subjuguée par Séleucus Callinicus, roi de Syrie. Arsace II Thiridate, roi des Parthes, se retire chez les Scythes. *C.* 473. — *A.*
	5	Démétrius II, roi de Macédoine, succède à son père Antigone de Goni. *P.* 408.
242	5	Antiochus Hiérax (Épervier), frère de Callinicus, se déclare roi des provinces de l'Asie Mineure dont il était gouverneur. Il emporte, près d'Ancyre, une victoire sur Callinicus. *C.* 464.
	5	Arsace II Thiridate recouvre la Parthie et fait la conquête de l'Hyrcanie. *C.* 473. — *A.*
241		**Fin de la première guerre punique. La Sicile carthaginoise devient province romaine.** Carthage s'oblige, en outre, à payer, en 10 ans, 2,200 talents (plus de 11 millions de francs).
	5	Attale Ier, roi de Pergame, succède à son cousin Eumène Ier. *DR.* 64.
	6	Antiochus Hiérax, vaincu par Callinicus, se retire en Égypte. *A.*
240		**Guerre de Carthage contre les mercenaires,** qui réclament leur solde et viennent assiéger Carthage avec 80,000 hommes, sous la conduite de Spendius et Mathos. *DR.* 68.

	6	Représentation des premières pièces de théâtre à Rome.
	8	Livius Andronicus, poëte latin, en fut l'auteur. *S. 172 — DR. 64.*
239	6	Tentative de réforme d'Agis III, roi de Sparte. Il décrète l'abolition des dettes, le partage des terres en 19,500 lots, dont 15,000 destinés aux Laconiens et 4,500 aux Spartiates ; le retour à la discipline de Lycurgue, etc., etc. *P. 414.*
	9	Agis III est mis à mort par Léonidas, l'autre roi, et par la faction des riches. *P. 415.*
	5	Règne de Léonidas seul.
238	1	Les Ætoliens envahissent le Péloponèse. Ils sont chassés avec perte par Aratus. *P. 409.*
237	2	Démétrius II, roi de Macédoine, enlève la Béotie aux Ætoliens, qui s'unissent à la ligue achéenne. *P. 410.*
		Fin de la guerre des mercenaires. Ils sont exterminés par Amilcar Barca et Hannon. *DR. 69.*
		La Sardaigne devient province romaine. *DR. 69.*
		Premières conquêtes des Carthaginois en Espagne, sous la conduite d'Amilcar Barca. *DR. 69.*
236		**Première conquête des Romains dans la Gaule cisalpine.** Après une guerre qui dura deux ans, les Boïens et les Liguriens, vaincus par les Romains, leur livrent une partie de leur territoire. *DR. 71.*
235	5	Cléomène III, roi de Sparte, succède à son père Léonidas. *P. 415.*
	6	Le temple de Janus, à Rome, est fermé, pour la première fois, depuis Numa. Il est rouvert la même année. *DR. 70.*
234	8	Les orgues hydrauliques inventées par Ctésibius. *S. 181.*
233	1	Séleucus Callinicus, roi de Syrie, attaque les Parthes. Il est vaincu et fait prisonnier par Arsace II Thiridate. Ici commence la puissance des Parthes. *C. 476.*

	6	Athènes et Argos sont réunies à la ligue achéenne par Aratus. *P.* 411. — *S.* 48.
232	8	Premiers tribunaux de justice à Rome. *DR.* 75.
		République des Épirotes après la mort de Laodamie, dernière reine d'Épire.
		Bassaro fut le chef-lieu de la république. *P.* 398.
	5	Antigone Doson (qui promet et ne donne rien), roi de Macédoine succède à son frère Démétrius II. Il établit fortement la domination macédonienne en Thessalie, en Béotie et en Phocide. *P.* 398, 410.
230		**Conquête de la Corse par les Romains.** *DR.* 69.
	2	La Messénie et l'Arcadie sont réunies à la ligue achéenne par Aratus. *P.* 411.
229	6	Les Ætoliens resserrent leur alliance avec la ligue achéenne. *P.* 411.
	9	Amilcar Barca, général carthaginois, périt en Espagne. Il est remplacé par Asdrubal, son gendre. *DR.* 74.
227		**Conquête définitive d'une partie de l'Espagne,** entre l'Ebre et l'Océan, **par les Carthaginois.** Sagonte, alliée des Romains, conserve son indépendance.
	6	Le nombre des préteurs est porté par les Romains de deux à quatre. *DR.* 73.
		Fondation de Carthagène (en Espagne), par Asdrubal, qui en fait sa résidence. *DR.* 74.
225	1	Rupture entre la ligue achéenne et les Spartiates. Les Achéens sont vaincus. *P.* 416.
	2	Les Boïens se soumettent aux Romains. *DR.* 71.
	5	Séleucus III Céraunus, roi de Syrie, succède à son père Callinicus. *C.* 465.
		Réforme de Cléomène, roi de Sparte. Il mit tous les biens en commun, et remit en vigueur les lois de Lycurgue. *P.* 416.

224	1	Cléomène réduit les Achéens aux dernières extrémités. Aratus appelle Antigone Doson, roi de Macédoine, au secours de la ligue. *P.* 417.
	6	Un tremblement de terre renverse, à Rhodes, le fameux colosse consacré au soleil. *C.* 488.
223	2	Antigone Doson, roi de Macédoine, s'empare de Corinthe, puis d'Argos, et attire à lui presque tous les alliés de Cléomène. *P.* 419.
222	2	Prise de Milan par les Romains. Soumission des Insubriens. *DR.* 72.
	5	Antiochus III le Grand, roi de Syrie, succède à son frère Séleucus Céraunus. *C.* 465.
	5	Ptolémée IV Philopator, roi d'Égypte, succède à son père Évergète.*C.*451.
	5	Mithridate V, roi de Pont, succède à son père Mithridate IV. *A.*
		Bataille de Sellasie. Cléomène vaincu par Antigone. La domination macédonienne rétablie en Grèce. *P.* 419.
221		**L'Istrie est conquise par les Romains**. *DR.* 72.
	5	Philippe III, roi de Macédoine, fils de Démétrius, succède à son oncle Antigone Doson. *P.* 421.
	2	Les Messéniens s'unissent à la ligue achéenne.
	1	Bataille de Caphyes. Aratus est vaincu par les Ætoliens. *P.* 422.
	8	Annibal, fils d'Amilcar Barca, âgé de 25 ans, succède à Asdrubal, en Espagne. *DR.* 74.
220		**La ligue ætolienne**, formée par les Ætoliens, les Spartiates, les Éléens et les Ambraciens, contre la ligue achéenne et Philippe III. **Guerre des deux ligues**. *P.* 422.
	1	Révolte de Molon et d'Alexandre, gouverneurs de Médie et de Perse, contre Antiochus. Ils sont défaits. *C.* 466.
	8	Les miroirs ardents, la vis sans fin, la poulie et le levier, inventés par Archimède. *S.* 182.

219	1	Prise et destruction de Sagonte par Annibal. *DR.* 74.
		Premières conquêtes des Romains en Illyrie. *DR.* 72.
		Sparte sous le gouvernement des tyrans. Fin des rois Héraclides. Lycurgue, premier tyran. *S.* 43.
		Les Juifs commencent à se partager en différentes sectes dites de Pharisiens, d'Esséniens et de Sadducéens. *A.*
218		**Deuxième guerre punique. Annibal en Italie.** Combat du Tésin ; bataille de la Trébia, gagnée par Annibal sur les Romains. *DR.*75.
	6	Marseille entre dans l'alliance de Rome. *P.* 444.
		Premières conquêtes des Romains en Espagne. *DR.* 81.
	8	Fabius, dictateur, adopte le système de temporisation. *A.*
	9	Manlius et son armée sont exterminés par les Gaulois Cisalpins. *DR.* 75.
217		**Fin de la guerre des deux Ligues.** Les Ætoliens prennent plusieurs villes. *P.* 423.
	4	Bataille de Trasimène gagnée par Annibal. *DR.* 76.
	5	Ars'ce III Artaban. roi des Parthes, succède à son père Tiridate. *C.* 473.
		La dictature est partagée. Minucius, battu par Annibal, se remet sous l'autorité de Fabius, qui reçoit le nom de CUNCTATOR (temporiseur). *DR.* 76.
216	1	Bataille de Raphia gagnée par Ptolémée IV sur Antiochus III. *C.* 452.
		Bataille de Cannes gagnée par Annibal sur le consul Terentius Varron, qui se sauve. Paul-Émile périt avec plus de 80,000 hommes. *DR.* 76.
	1	Premier combat de Nole. Annibal échoue contre Marcellus. *DR.* 77.
	6	Annibal prend ses quartiers d'hiver à Capoue.
		La Grande muraille en Chine. *A.*
215	1	Second combat de Nole gagné sur Annibal par Marcellus. Il fut surnommé l'Épée, comme Fabius Cunctator le Bouclier de Rome. *DR.* 77.

	5	Hiéronyme, roi de Syracuse, succède à Hiéron II, son aïeul. *S. 34.* — *A.*
	6	Philippe III et les républiques grecques font un traité d'alliance avec Annibal. *P. 425.*
	6	Rhodes embrasse le parti de Rome. *S. 54.*
214	1	Bataille de Bénévent gagnée par Sempronius Gracchus sur Hannon, lieutenant d'Annibal.
	1	Troisième combat de Nole gagné sur Annibal par Marcellus. *DR. 78.*
	5	Le gouvernement démocratique, rétabli à Syracuse, se déclare pour Annibal. *P. 443.*
	8	Marcellus met le siége devant Syracuse. *DR. 78.*
		Première guerre de Macédoine. Philippe III, surpris dans l'Épire, brûle ses vaisseaux. *P. 428.*
213	6	L'empereur de Chine, Tsin-Chi-Koang-Ti, le même qui éleva la grande muraille, fait brûler tous les livres anciens, à l'exception de ceux qui traitent de la médecine et de l'agriculture. *A.*
	9	Cnæus et Publius Cornélius Scipion, que Cicéron appelait les Foudres de la guerre, périssent en Espagne. *DR. 82.*
212	2	Prise de Syracuse par Marcellus. *DR. 78.*
	9	Archimède, célèbre géomètre, qui avait inventé plusieurs machines pour la défense de Syracuse, périt dans le sac de la ville, à l'âge de 75 ans. *DR. 78.*
	6	Traité d'alliance entre les Romains et les Ætoliens, qui deviennent dès lors l'instrument des desseins de Rome sur la Grèce. *DR. 90.*
211	2	Prise de Capoue par les Romains. *DR. 79.*
	6	Annibal se retire dans le Brutium. *DR. 79.*
	8	Scipion (premier Africain), fils de Publius Cornélius, âgé de 24 ans, débarque à Tarragone, en Espagne, avec 10,000 hommes. *DR. 83.*
210	2	Prise de Carthagène par Scipion (premier Africain). *DR. 83.*

		Conquête définitive de la Sicile par les Romains après 55 ans de combats. *DR.* 78.
209	1	Trois combats aux environs de Capoue, entre Marcellus et Annibal. Le premier est indécis ; le second se termine à l'avantage d'Annibal, qui est mis en fuite dans le troisième. *DR.* 79.
208	9	Marcellus et Crispinus, consuls romains, tombent dans une embuscade préparée par Annibal. Marcellus reste sur la place ; Crispinus est blessé à mort. *DR.* 79.
207		**Bataille de Métaure** gagnée par les consuls Néron et Livius Salinator sur Asdrubal, frère d'Annibal, qui arriva de l'Espagne en Italie. Asdrubal périt avec toute son armée ; 56,000 hommes sont tués, 4,000 sont faits prisonniers. Annibal ne conserve en Italie que le Brutium. *DR.* 80.
206		**Conquête définitive de l'Espagne par les Romains.** Publius Scipion (premier Africain), vainqueur. *DR.* 84.
	8	Massinissa, roi des Numides, qui avait combattu pour les Carthaginois en Espagne, est admis dans l'alliance des Romains. Il fut, pendant un demi-siècle, leur allié le plus fidèle. *DR.* 84.
205		**Fin de la première guerre de Macédoine.** Philippe III conclut un traité de paix avec les Romains. *P.* 429.
	5	Ptolémée V Epiphane (Illustre), roi d'Egypte, âgé de 5 ans, succède à son père Philopator (qui aime son père). *C.* 452.
	8	Cornélius Scipion Nasica, fils de Cnæus, est déclaré par le sénat le plus honnête homme de la république. *DR.* 109.
204	1	Publius Scipion (premier Africain) passe en Afrique avec 30,000 légionnaires, 50 galères et 400 vaisseaux de charge. *DR.* 86.
203	1	Philippe III, roi de Macédoine, attaque sans succès Attale, roi de Pergame, et les Rhodiens, alliés de Rome. *P.* 431.

	2	Antiochus le Grand se rend maître de la Célésyrie, de la Phénicie et de la Palestine. *C.* 453, 493.
	6	Les Romains acceptent la tutelle sur Ptolémée Épiphane, que le régent Aristomène leur offre. *C.* 452.
202		Annibal en Afrique. **Bataille de Zama** gagnée sur Annibal par Scipion, qui reçoit le nom d'Africain. *DR.* 86.
		Fin de la seconde guerre Punique. Les Romains conservent l'Espagne, la Sicile et toutes les îles ; enlèvent aux Carthaginois tous leurs vaisseaux, à l'exception de dix trirèmes ; se font payer 10,000 talents, etc. *DR.* 87.
		Cinquième dynastie en Chine. Les Han. *A.*
201	5	Annibal est placé à la tête des affaires de Carthage. *DR.* 95.
	8	Le papier de soie est inventé à la Chine. *S.* 182.
200		**Fin de la domination des Gaulois en Thrace.** Seuthès IV (Thrace) est mis sur le trône. *A.*
		Guerre des Romains contre les deux Espagnes révoltées, et contre les Gaulois cisalpins soulevés par Amilcar. *DR.* 105, 108.
		Seconde guerre de Macédoine. *DR.* 91.
	8	La mosaïque en verre et en métaux inventée. *S.* 181.
198	5	Eumène II, roi de Pergame, succède à son père Attale Ier. Il reste fidèle à l'alliance des Romains. *C.* 482.
197	2	Les Gaulois Cénomans, vaincus, se soumettent aux Romains. *DR.* 108.
	6	Artaban, roi des Parthes, devient l'auxiliaire d'Antiochus III contre le roi de Bactriane. *C.* 473.
	5	Arsace IV Phriapatius, roi des Parthes, succède à Artaban Ier. *C.* 473.
		Bataille de Cynocéphale (en Grèce) gagnée par Flamininus, général romain, sur Philippe III. *P.* 433. — *DR.* 93.

196		**Fin de la seconde guerre de Macédoine.** **Destruction de la domination macédonienne en Grèce.** **Proclamation de la liberté des Grecs.** P. 433. — *DR*. 93.
	1	Guerre des Romains contre Nabis, tyran de Sparte. *DR*. 93.
195	1	Victoire remportée par les Romains, près de Milan, sur les Gaulois Boïens et Insubriens. Ces derniers font leur soumission. *DR*. 108.
	8	Annibal se retire à la cour d'Antiochus III le Grand, roi de Syrie, pour échapper au danger qui le menaçait, d'être livré aux Romains. *DR*. 95.
194	1	Fin de la guerre des Romains contre Nabis, tyran de Sparte. Il perd Argos et Gythium.
	6	Les armées romaines évacuent la Grèce. *DR*. 93.
192		**Guerre d'Antiochus III le Grand**, roi de Syrie, contre les Romains. Les Ætoliens, mécontentés à dessein par Flamininus, appellent Antiochus III contre les Romains. Il arrive en Thessalie, est nommé généralissime par les Ætoliens et s'empare de Chalcis en Eubée. Les Romains leur opposent les Achéens et Philippe III, roi de Macédoine. *DR*. 97. — *C*. 436.
191	1	Antiochus le Grand, vaincu par les Romains, aux Thermopyles, se sauve en Asie. Sa flotte est détruite. P. 436. — *DR*. 98.
	2	Les Gaulois Boïens, vaincus, se soumettent aux Romains. *DR*. 109.
	6	Sparte est réunie à la ligue après la mort de Nabis. **La ligue achéenne dans sa plus grande étendue.** Elle comprenait tout le Péloponèse. P. 437.
190	6	Les Romains envoient une colonie à Bologne. *DR*. 111.
189		**Les Ætoliens reconnaissent la suprématie des Romains.** P. 436. **Première guerre des Romains en Asie. Bataille de Magnésie** gagnée sur Antiochus le Grand.

La grande et la petite Arménie se rendent indépendantes. *DR.* 99, 100. — *C.* 475.
L'Asie Mineure est partagée entre le roi de Pergame et les Rhodiens.
Les villes grecques recouvrent leur indépendance.

188 | 6 | La ligue achéenne, la plus grande puissance de la Grèce depuis l'abaissement de Philippe III, devient l'objet de toutes les violences et de toutes les perfidies des Romains. *P.* 437.

187 | 8 | Scipion l'Africain va terminer ses jours à Liternum en Campanie, pour se soustraire aux attaques de l'envie. *DR.* 102.

186 | 4 | Antiochus III pille le temple de Bélus à Élymaïs. Il est assassiné par ses sujets indignés. *C.* 467.

| 5 | Séleucus IV Philopator, roi de Syrie, succède à son père Antiochus III le Grand. *S.* 64.

| 5 | Pharnace II, roi de Pont, succède à Mithridate V. *C.* 476.

| 6 | Il s'empare de Sinope sur les Rhodiens, et en fait sa capitale. *C.* 476.

185 | | **Décadence des mœurs à Rome.**

| | **Censure de Caton l'Ancien**, qui était en quelque sorte le représentant de l'antique simplicité romaine. *DR.* 103.

| 6 | Les Romains envoient des colonies à Pollentia et à Pizaure *DR.* 111.

184 | 6 | Les Romains envoient des colonies à Parme, à Modène et à Saturnia. *DR.* 111.

| 9 | Plaute, de Sarsène en Ombrie, poëte comique latin, meurt âgé de 40 ans. Ses comédies ont fait les délices des Romains pendant la seconde guerre punique. *DR.* 122 (*Picot*).

183 | 8 | Bion, poëte grec, vivait vers cette époque. *S.* 173, 191.

| 9 | Mort de trois grands hommes : Annibal, Scipion et Philopœmen. Annibal, qui s'était sauvé en Bithynie, s'empoisonna pour échapper aux Ro-

		mains. Scipion l'Africain mourut dans la Campanie. Philopœmen, surnommé le dernier des Grecs, ayant été pris par les Messéniens, fut mis à mort. *DR.* 102. — *P.* 437.
182	1	Révoltes de la Sardaigne et de la Corse contre les Romains. Elles sont apaisées. *DR.* 112.
	5	Arsace V Phraate Ier, roi des Parthes, succède à son père Phriapatius. Il vainquit les Mardes. *C.* 473.
	6	Les Romains envoient des colonies à Aquilée et à Gravisca. *DR.* 111.
181	1	Les Liguriens de la Gaule cisalpine sont vaincus par Paul-Émile, général romain. *DR.* 111.
	5	Ptolémée VI Philométor (qui aime sa mère), roi d'Égypte, âgé de 5 ans, succède à son père Épiphane. *C.* 453.
	8	Régence de Cléopâtre, sa mère. Elle sut maintenir la tranquillité et l'intégrité du royaume. *C.* 453.
180	2	Postumius, général romain, détruit, en Espagne, 15,000 Lusitaniens et Vaccéens, et force le reste à la soumission. *DR.* 107.
	6	40,000 Liguriens sont transportés dans le Samnium. *DR.* 111.
	8	Moschus, de Syracuse, poëte grec, vivait vers cette époque. *S.* 173, 197.
179	2	Sempronius Gracchus, après trois ans de guerre dans l'Espagne ultérieure, achève de réduire les Celtibériens et leur dicte un équitable traité de paix. *DR.* 107.
		Royaume de Paphlagonie. Morzès est le premier roi connu. *S.* 64.
178	1	Révolte de la Sardaigne contre les Romains. *DR.* 112.
		Nouvelle conquête de l'Istrie par les Romains. Elle s'était rendue indépendante durant la seconde guerre punique. *DR.* 112.
	5	Persée, roi de Macédoine, succède à son père Philippe III. *P.* 438.
	6	Les Romains envoient une colonie à Lucques. *DR.* 111.

177	2	Sempronius Gracchus achève la soumission de la Sardaigne. *DR.* 112.
175	6	Héliodore, ministre de Séleucus IV Philopator, roi de Syrie, chargé de s'emparer des trésors du temple de Jérusalem, tombe frappé de la main divine et retourne en Syrie. *C.* 494.
	8	Censure de Fulvius Flaccus et d'Aulus Postumius. Ils font, pour la seconde fois, paver les rues de Rome et ferrer les grands chemins avec du cailloutage. *DR.* 104.
174	1	Révolte de la Corse contre les Romains. Elle est comprimée. *DR.* 112.
		Réduction définitive des Liguriens par les Romains. *DR.* 111.
	5	Antiochus IV Epiphane (Illustre), roi de Syrie, succède à son frère Séleucus IV Philopator. *C.* 467.
	5	Joshua ou Jésus (Jaon) achète la charge de grand prêtre. *A.*
	5	Arsace VI Mithridate I, roi des Parthes, succède à son frère Phraate I. *C* 473.
172		**Conquête définitive de la Gaule cisalpine par les Romains.** Les débris des Liguriens sont transportés dans le Samnium. *DR.* 111.
		Troisième guerre de Macédoine. Le sénat romain, instruit des préparatifs de guerre de Persée, lui déclare la guerre. Les hostilités ne commencèrent que l'année suivante. *DR.* 113.
171	1	Les hostilités entre Rome et Persée commencent. *DR.* 114.
170	1	Révolte des Celtibériens contre les Romains. *DR.* 108.
	1	Antiochus IV envahit l'Égypte et emmène prisonnier le jeune roi.
	5	Ptolémée VII Évergète, frère du roi, administre l'Egypte. *C.* 453.
	6	Loi Voconia à Rome. Elle exclut les femmes de tout héritage. *DR.* 104.
	9	Antiochus IV fait égorger 40,000 Juifs et réduit un pareil nombre en esclavage. *C.* 495.

169	9	Ennius, de Rudes en Calabre, poëte latin, meurt âgé de 67 ans. Il fit connaître aux Romains, par des imitations libres, plusieurs chefs-d'œuvre du théâtre grec. *DR*. 122. — *S*. 173 (*Picot*).
168		**Bataille de Pydna**, gagnée sur Persée par Paul-Emile. **Fin de la troisième guerre de Macédoine. L'Epire et la Macédoine cessent d'exister en corps de nation.** *DR*. 116.
	6	Antiochus IV marche contre l'Egypte. Un ordre de Popilius Lænas, député romain, le fait rétrograder. *C*. 495.
	6	Antiochus IV fait bâtir à Jérusalem la citadelle Acra. *C*. 495.
		Conquête définitive de l'Illyrie par les Romains. *DR*. 117.
167		**Révolte des Juifs** contre Antiochus IV Epiphane, **sous la conduite de Mathathias.** *C*. 495.
	6	Paul-Emile apporte de la Grèce des richesses immenses et la première bibliothèque que l'on ait vue à Rome. *DR*. 123. — *A*.
	8	Cratès, littérateur grec, envoyé à Rome par le roi de Pergame, fait connaître, le premier, la littérature grecque aux Romains. *C*. 526.
166		**Les Juifs sous les Machabées ou Asmonéens.** Judas Machabée, fils de Mathathias, succéda à son père et parvint à soustraire la Judée à la domination syrienne. *C*. 496.
	1	Apollonius, Seron, Nicanor et Gorgias, généraux syriens, viennent successivement attaquer les Juifs. Ils sont complétement battus par Judas. *C*. 496.
165	1	Timothée et Bachide, généraux syriens, sont défaits par les Machabées et perdent 20,000 hommes dans une seule bataille. *C*. 496.
164	1	Les Machabées, vainqueurs de Lysias, se rendent maîtres de Jérusalem. *C*. 496. — *A*.
	4	Mort d'Antiochus IV Epiphane, protecteur des lettres, persécuteur des Juifs. L'art grec s'éteint avec lui en Syrie. *C*. 547.

	5	Antiochus V Eupator (né d'un père illustre), roi de Syrie, succède à son père Épiphane. *C.* 468.
	8	Le premier cadian solaire établi sur le méridien de Rome. *DR.* 123.
163	1	Dernière révolte de la Corse et de la Sardaigne contre les Romains. Elles sont comprimées. Depuis cette époque, les deux îles cessèrent d'occuper les armes romaines. *DR.* 112.
162	5	Démétrius I Soter, roi de Syrie, fils de Séleucus IV Philopator, s'empare du trône, après avoir mis à mort son cousin Antiochus V et Lisias, son premier ministre. *C.* 468.
161	1	Bataille de Bethoron gagnée par Judas Machabée sur Nicanor. *C.* 497.
	6	Première alliance des Juifs avec les Romains. *C.* 497.
	1	Bataille de Béthel gagnée par Bachide et Alcime sur les Juifs. Les Syriens s'emparent de Jérusalem.
	5	Jonathas Machabée, chef des Juifs, succède à son frère Judas. *C.* 497.
	8	Les rhéteurs grecs sont bannis de Rome. *DR.* 122.
160	9	Térence, poëte comique latin, meurt âgé de 43 ans. Il a laissé six pièces de théâtre. *DR.* 123. — *S.* 173.
157	5	Attale II, roi de Pergame, succède à son frère Eumène II. *C.* 438.
	5	Mithridate VI Evergète, roi de Pont, succède à Pharnace. *C.* 476.
156	1	Guerre des Romains contre les Dalmates. Le consul Marcius Figulus prend un grand nombre de villes. *DR.* 121.
	8	Les philosophes et orateurs grecs sont de nouveau bannis de Rome par Caton le Censeur. *DR.* 122.
155		**Conquête définitive de la Dalmatie par les Romains.** Scipion Nasica termine la guerre par la prise de Delminium. *DR.*121.
154		**Toute l'Espagne se soulève** contre les Romains. *DR.* 131.
153		**Première guerre des romains dans la Gaule transalpine.** Ils passent les Alpes et vont au secours des Marseillais, que les

Oxibiens et les Décéates, peuples liguriens, étaient venus attaquer. *DR.* 147.

6 | Démétrius I Soter, roi de Syrie, menacé par Alexandre Bala, accorde la paix à Jonathas et lui permet de rentrer à Jérusalem. *C.* 497.

152 5 | Un aventurier, nommé Andriscus, se donne pour le fils naturel de Persée, parvient à se faire couronner roi de Macédoine et prend le nom de Philippe. Il attaqua la Thessalie et la rangea sous ses lois. *DR.* 124.

6 | Cordoue, ville d'Espagne, fondée par Claudius Marcellus, consul romain, qui pacifia l'Espagne intérieure. *DR.* 132.

151 6 | Mille Achéens qui, depuis 17 ans, languissaient en Italie, sous l'accusation d'avoir été, au fond du cœur, favorables à Persée, doivent leur mise en liberté aux efforts de Caton l'Ancien, qui plaida leur cause dans le sénat. *DR.* 122.

149 1 | Guerre de Viriathe en Espagne. Il défit successivement quatre préteurs en quatre ans. *DR.* 133.

Troisième guerre punique. *DR.* 128.

5 | Alexandre Bala, imposteur, ravit à Démétrius Soter, roi de Syrie, le trône et la vie. *C.* 469.

6 | Mithridate VI, roi de Pont, devient allié de Romains. *A.*

Quatrième guerre de Macédoine. *A.*

148 1 | Andriscus, et un autre imposteur nommé Alexandre, sont défaits par Métellus le Macédonique. *C.* 440. — *A.*

La Macédoine devient province romaine. *C.* 440. — *A.*

9 | Polybe de Mégalopolis, historien grec, maître et ami de Scipion Emilien, meurt âgé de 62 ans. *S.* 199. — *DR.* 123. — *C.* 527.

147 8 | Aristarque, de Samothrace, le plus célèbre des critiques anciens, vivait vers cette époque. Il a été le précepteur de Ptolémée VII Evergète. *C.* 526.

146 | **Prise et destruction de Carthage par Scipion Emilien,** deuxième Africain.

		L'Afrique devient province romaine. A,
		Prise de Corinthe par Mummius l'Achaïque.
		La Grèce devient province romaine. P. 440.
	5	Ptolémée VII Evergète Physcon (Ventru) devient roi d'Égypte. C. 454.
	5	Démétrius II Nicator (Vainqueur), roi de Syrie, fils de Soter, chasse Alexandre Bala. C. 169.
144	4	Jonathas, chef des Juifs, attiré à Ptolémaïde par Tryphon, gouverneur d'Antioche, y est massacré avec 1,000 cavaliers. C. 497.
	5	Simon, autre frère de Judas, succède à Jonathas et achève de délivrer les Juifs du joug des rois de Syrie. C. 497.
	5	Antiochus VI Théos, fils de Bala, est rétabli dans une partie de l'empire de Syrie par Tryphon. C. 469.
143	6	Le scrutin secret est adopté à Rome pour l'élection des magistrats, qui jusque-là s'était faite de vive voix. DR. 137.
142	1	Guerre de Numance (en Espagne). Cette ville résista aux Romains pendant 10 ans. DR 135.
	6	Simon chasse d'Acra la garnison syrienne et fait raser la citadelle. A.
141		**Fin du royaume de Bactriane.** Les Parthes en font la conquête. C. 481.
		La Judée est délivrée de la suprématie syrienne. L'autorité souveraine et la grande sacrificature sont déclarées héréditaires dans la famille de Simon. C. 497.
140	5	Tryphon, ministre d'Antiochus Théos, roi d'une partie de la Syrie, le fait périr et se met à sa place.
	6	Démétrius II Nicator, roi d'une autre partie de la Syrie, va faire la guerre aux Parthes. Il est fait prisonnier. C. 470.
	9	Viriathe, chef des Lusitaniens, est assassiné par deux de ses officiers qui se sont vendus au consul Cæpion. DR. 134.

139		**Commencement des troubles civils à Rome**. **Première guerre des esclaves en Sicile**. *DR.* 141.
	5	Antiochus VII Sidetès (Chasseur), roi de Syrie, frère de Nicator, épouse Cléopâtre, sa femme, et règne pendant sa captivité. Tryphon, vaincu par Sidetès, se précipite dans un bûcher. *C.* 470. — *A.*
	6	Simon, chef des Juifs, renouvelle l'alliance avec les Romains. *A.*
138	4	Mort d'Arsace VI Mithridate Ier, roi des Parthes, qui poussa ses conquêtes jusqu'au golfe Persique.
	5	Arsace VII Phraate II, roi des Parthes, son fils, lui succède. *C.* 473.
	6	Valentia, ville d'Espagne, est bâtie par les Lusitaniens, que le proconsul Cæpion fit transplanter sur la Méditerranée. *DR.* 135.
137	5	Attale III, roi de Pergame, succède à son oncle Attale II. *C.* 483.
135	5	Jean Hyrcan, chef des Juifs, succède à son père Simon, qui fut assassiné dans un festin, avec deux de ses fils, par le gouverneur syrien de Jéricho. **La Judée redevient tributaire des Syriens.** *C.* 498. — *A.*
134		**Prise et destruction de Numance par Scipion Emilien.** **Conquête de l'Espagne par les Romains.** **Les Vascons et les Astures conservent leur indépendance.** *DR.* 136.
	8	Jugurtha, prince numide, et le plébéien Caius Marius se signalèrent au siége de Numance. *DR.* 136.
133		**Fin de la première guerre des esclaves en Sicile.** Les esclaves sont exterminés. *DR.* 143. **Troubles à Rome excités par les Gracques.** Le tribun Tibérius Gracchus fait renouveler la loi agraire, qui défendait à tout citoyen de posséder plus de 500 arpents de terre. *DR.* 143.

132	4	Mort d'Attale III, roi de Pergame, qui déclare par son testament le peuple romain héritier de ses richesses et de sa couronne.
	5	Aristonic, fils naturel d'Eumène II, se rend maître de Pergame et soutient la guerre contre les Romains. *C.* 484.
	9	Tibérius Gracchus est assassiné par Scipion Nasica, le grand pontife, avec 300 de ses partisans. *DR.* 144.
131	1	Antiochus VII Sidetès remporte des victoires sur les Parthes. *C.* 470.
	6	Ptolémée VII Physcon, chassé d'Égypte, recouvre son trône.
		La Cyrénaïque est érigée en royaume par Physcon, en faveur de son fils naturel Ptolémée Appion (Maigre). *C.* 455.
	8	Caïus Gracchus, frère de Tibérius, poursuit l'exécution de la loi agraire. *DR.* 445.
130	4	Antiochus VII Sidetès périt avec son armée dans une expédition contre les Parthes.
	5	Démétrius II Nicator, roi de Syrie, échappe aux Parthes et ressaisit le trône pour la troisième fois. *C.* 470.
		La Judée secoue le joug des Syriens. *C.* 498.
	9	Scipion Emilien, qui s'opposait à la loi agraire, est trouvé mort dans son lit. *DR.* 145.
129		**Premières conquêtes des Romains en Asie. Le royaume de Pergame devient province romaine sous le nom d'Asie** : elle comprenait Pergame, la Lycaonie, la Lydie, l'Ionie et une partie de la Carie. *DR.* 128.
		La Phrygie est donnée par les Romains à Mithridate VI Evergète, roi de Pont. *DR.* 128.
128	5	Arsace VIII Artaban II, roi des Parthes, succède à son frère Phraate II, massacré par les Scythes, ses alliés. *C.* 473.
	6	Jean Hyrcan renouvelle l'alliance avec les Romains. A.

126	1	Nouvelle expédition des Romains dans la Gaule transalpine. Ils portent des secours aux Marseillais, leurs alliés, attaqués de nouveau par les Vocontiens et les Salyens, peuples liguriens. *DR.* 147.
125	5	Alexandre Zébina, usurpateur, et Séleucus V, fils de Démétrius II Nicator, règnent simultanément en Syrie après la mort de Nicator. *C.* 471.
	8	Hipparque, de Nicée, le plus célèbre astronome grec, fondateur de la véritable astronomie, fleurit vers cette époque. *C.* 541.
124		**Premières conquêtes des Romains dans la Gaule transalpine.** Fondation d'Aix (Aquæ sextiæ). *DR.* 148.
		Les îles Baléares sont conquises par les Romains. *DR.* 148.
	5	Arsace IX Mithridate II (le Grand), roi des Parthes, succède à s n père Artaban II. *C.* 474.
	8	Caïus Gracchus, nommé tribun, accomplit tous les desseins de son frère. *DR.* 146.
123	5	Mithridate VII Eupator et Dionysius, roi de Pont, âgé de 12 ans, succède à son père Mithridate VI Evergète. Il s'enfuit dans les forêts, où il s'endurcit à toutes les fatigues. *C.* 477.
	5	Antiochus VIII Gripus (Nez aquilin), roi de Syrie, succède à son frère Séleucus V. Il défait et met à mort l'imposteur Alexandre Zébina. *S.* 60. *A.*
122		Mort de Caïus GRACCHUS. Il périt dans une émeute qu'il avait excitée, avec 300 de ses partisans.
		La loi agraire est abolie à Rome. *DR.* 147.
121		**La Parthie dans sa plus grande étendue.** Elle comprenait toute l'Asie supérieure située entre l'Arménie, l'Oxus, l'Hydaspe, l'Indus, le golfe Persique et l'Euphrate. *P. de B.*
120		**Les Romains enlèvent à Mithridate VII** Evergète, roi de

Pont, pendant sa minorité, **la Phrygie** qu'ils avaient donnée à son père. De là sa haine contre les Romains. *DR.* 162.

119   **Une partie de la Gaule transalpine est réduite en province romaine, sous le nom de Provincia.** Elle comprenait le pays situé entre les Alpes, le Rhône et les montagnes des Cévennes (la Provence et une partie du Dauphiné). *DR.* 148.

8   Fabius Maximus en fut le vainqueur.

117   6   Narbonne est fondée par les Romains. Cicéron l'appelait la sentinelle avancée du peuple romain. *DR.* 148.

5   Ptolémée VIII Soter II ou Lathyre (Fève), roi d'Egypte, succède à son père Ptolémée VII, Evergète II Physcon, auquel les Égyptiens avaient donné le nom de Kakergète (Malfaisant). *C.* 455.

115   **Guerre des Romains contre les Scordisques**, nation d'origine celtique établie sur le Danube, vers les confins de la Thrace ; vaincus, pendant deux ans, ils n'occupèrent plus les armes romaines. *DR.* 152.

114   **Invasions successives des Cimbres (Kimris), des Teutons, des Ambrons et des Tigurins** dans les possessions romaines.

Les Cimbres, sortis des contrées voisines de la mer Baltique, défirent, près de Norcia en Styrie, une armée romaine. *DR.* 152.

113   1   Les Cimbres et les Teutons commencent leurs brigandages dans les provinces du centre et du midi de la Gaule et les continuent pendant plusieurs années. *C*.* 13. — *DR.* 153.

112   **Guerre des Romains contre Jugurtha**, roi des Numides, qui avait fait assassiner ses deux cousins, Hiempsal et Adherbal, pour réunir toute la Numidie sous sa domination. Jugurtha achète la paix. *DR.* 149.

5   Antiochus VIII Grypus, roi de Syrie, partage l'empire avec son frère Antiochus IX le Cyzicénien, pour terminer une guerre civile. *C.* 471.

111	8	Jugurtha, cité à comparaître devant le peuple romain, gagne le tribun Bæbius, fait assassiner son cou in Massiva, puis il quitte Rome en s'écriant : « O ville ! tu serais à vendre, si tu trouvais un acheteur. » *DR*. 150.
110	1	La guerre des Romains contre Jugurtha recommence. *DR*. 150.
109		**Prise et destruction de Samarie par Jean Hyrcan, chef des Juifs**. Maître de toute la Judée, de la Galilée et de Samarie, Jean Hyrcan devient respectable à tous ses voisins, dont aucun ne l'ose attaquer. *A*.
108		**Le Bosphore cimmérien** passe sous la domination de **Mithridate VII roi de Pont**.
	8	Marius, lieutenant de Métellus, est élevé au consulat. Il supplante son général dans le commandement de l'armée contre Jugurtha. *DR*. 151.
107		**La royauté est rétablie en Judée**. Aristobule 1er, en succédant à son père, Jean Hyrcan, prend le titre de roi. *C*. 498.
	6	Ptolémée VIII Lathyre, faussement accusé par sa mère, Cléopâtre, d'avoir attenté à sa vie, est chassé de l'Egypte. Il va régner en Chypre. *C*. 155.
	5	Ptolémée IX Alexandre, son frère, devient roi d'Egypte. Cléopâtre, sa mère, gouverne. *C*. 455.
106	1	Les Cimbres, les Teutons, les Ambrons et les Tigurins exterminèrent, près d'Orange, une armée romaine de 80,000 hommes. *DR*. 153.
		Fin de la guerre de Jugurtha. Battu par Marius et livré à Sylla, Jugurtha subit à Rome une mort cruelle.
		Une partie de la Numidie devient province romaine *DR*. 152.
	5	Alexandre Jannée, roi des Juifs, succède à son frère Aristobule 1er. *C*. 498.
105	1	Alexandre, roi des Juifs, attaque Ptolémaïs. Lathyre, roi de Chypre, arrive au secours de cette place. *C*. 499.
		Seconde guerre des esclaves en Sicile. Les injustices

8

criantes du préteur Publius Licinius Nerva firent éclater cette seconde révolte. *DR.* 154.

104	1	Bataille sur le Jourdain, perdue contre Lathyre, roi de Chypre, par Alexandre, roi des Juifs, qui perd 30,000 hommes. *C.* 199. — *A.*
103	1	Cléopâtre, reine d'Egypte, vient au secours d'Alexandre, roi des Juifs. Elle s'empare de Ptolémaïs. *C.* 499. — *A.*
		Les Teutons et les Ambrons sont exterminés par Marius, aux environs d'Aix, dans la Gaule. *DR.* 154.
	9	Lucilius, chevalier romain, poëte satirique, meurt âgé de 45 ans. *DR.* 193.
102		**Les Cimbres sont exterminés** par Marius, Catullus et Sylla, aux environs de Verceil, en Italie. *DR.* 154.
		Fin de la seconde guerre des esclaves en Sicile. Ils sont vaincus et exterminés par Aquilius. Les deux guerres ont coûté, dit-on, la vie à un million d'esclaves. *DR.* 155.
101	1	Séditions excitées à Rome par le tribun Apuleius Saturninus, démagogue séditieux. Il est massacré par le peuple. *DR.* 155.
98		**Le sénat romain abolit les sacrifices humains.** *DR.* 157.
97	1	Alexandre, roi des Juifs, se rend maître de Gaza et d'autres villes. *C.* 499.
		Cyrène devient tributaire de Rome après la mort de Ptolémée Apion, qui légua son royaume aux Romains. *DR.* 157.
	9	De retour à Jérusalem, Alexandre fait massacrer les Pharisiens qui avaient insulté à ses triomphes. Il en périt 6,000. *C.* 499.
95	5	Tigrane II le Grand, roi de la Grande-Arménie, succède à son père Tigrane Ier. Il fit la conquête de la Petite-Arménie et d'autres pays limitrophes, et forma un royaume très-puissant. *A.*
94	5	Séleucus VI Nicator, roi de Syrie, succède à son père, Antiochus VIII

Gripus, et gagne une bataille sur Antiochus IX, le Cizycénien, qui périt dans cette journée. Antiochus X Eusèbe, fils du Cizycénien, lui dispute la Syrie.

	1	Guerre civile entre les successeurs de Gripus et du Cizycénien. Elle dura 12 ans. *C.* 471 — *S.* 60. — *A.*
93	8	Les rhéteurs grecs, qui apprenaient aux jeunes Romains à abuser de la parole, sont interdits de leurs fonctions par les censeurs. *DR.* 157.
92	1	Expédition d'Alexandre, roi des Juifs, contre les Arabes. Elle échoue.
	1	Révolte des Pharisiens contre Alexandre. Elle dura 6 ans. *C.* 499. — *A.*
	6	Sylla remet sur le trône Ariobarzane Ier, roi de Cappadoce, que le roi de Pont avait dépossédé.
	6	Alliance des Romains avec les Parthes. *DR.* 157.
		Fin du royaume de Paphlagonie. Il est conquis par le roi de Pont. *A.*
91		**Tribunat de Livius Drusus.** Il propose plusieurs lois, entre autres le droit de cité pour les alliés. Drusus est assassiné ; son parti est dissipé. *DR.* 158.
		Guerre sociale en Italie. Les alliés prennent les armes, choisissent Corfinium pour métropole, établissent un sénat, nomment deux consuls et réclament le droit de cité. *DR.* 158.
90	5	Arsace X Mnoskiras, roi des Parthes, succède à Arsace IX Mithridate II le Grand. *S.* 61. — *C.* 474.
89		**Fin de la guerre sociale en Italie.** Le droit de bourgeoisie est accordé aux alliés. On créa pour eux huit nouvelles tribus qui devaient donner leurs suffrages après les 35 anciennes.
		Plus de 300.000 hommes périrent dans la guerre sociale. *DR.* 159.
88		**Rivalité de Marius et de Sylla. Proscription de Marius** Il s'enfuit en Afrique. *DR.* 160.
	5	Ptolémée VIII Soter II Lathyre, roi d'Égypte, est replacé. *C.* 455.

		Première guerre de Mithridate VII, Eupator et Dionisius, roi de Pont, **contre les Romains**. Achelaüs, son général, soumet Athènes et une partie de la Grèce. *DR.* 162.
87	1	Bataille de Bethom, gagnée par Alexandre sur les Pharisiens, dont il fait mettre 800 en croix. Fin de la guerre civile des Juifs. *C.* 499. — *A.*
	1	Sylla débarque en Grèce et met le siége devant Athènes. *DR.* 164.
	5	Marius rentre à Rome et se fait nommer consul avec Cinna. *DR.* 161.
	6	Sylla est proscrit avec toute sa famille. *DR.* 162. — *A.*
86	1	Prise d'Athènes par Sylla. Il fait un horrible carnage des vaincus. *DR.* 164.
	1	Batailles de Chéronée et d'Orchomène, gagnées par Sylla sur les généraux de Mithridate VII en Grèce. *DR.* 164.
	6	La Grèce et l'Asie Mineure se déclarent contre Mithridate VII. *DR.* 164.
	9	Marius meurt dix-sept jours après avoir été nommé consul pour la septième fois. *DR.* 162.
85	1	Fin de la première guerre de Mithridate. Sylla lui enleva toutes ses conquêtes et tous ses vaisseaux. *DR.* 165.
		Guerre de Sertorius, partisan de Marius. Il se retira en Espagne, puis en Afrique. *DR.* 171.
	9	Cinna se met en marche contre Sylla. Il est assassiné par ses soldats à Ancône. *DR.* 165.
84	1	Seconde guerre de Mithridate. Murena, général romain, attaque le royaume de Pont. *DR.* 168.
		Guerre civile de Sylla. Rentré en Italie, Sylla rallia à sa cause les nobles et les peuples. *DR.* 165.
	8	Pompée (Cneius Pompéius), partisan de Sylla, reçoit de lui le nom d'Imperator. *DR.* 165.
83	1	Sylla gagne la bataille de Sacri-Port sur le jeune Marius. Il entre dans

Rome, prend le surnom d'Heureux, fait massacrer 7,000 prisonniers et proscrit 5,000 citoyens. *DR.* 166.

2 Pompée soumet la Sicile. *DR.* 167.

5 Les Syriens, fatigués de la guerre civile des Séleucides, appellent au trône Tigrane II, roi d'Arménie. *C.* 471. — A.

82 **Dictature de Sylla**. Depuis la bataille de Zama, aucun citoyen n'avait été revêtu de cette dignité. L'affranchissement des 100.000 esclaves, des proscrits, et l'établissement dans toute l'Italie des colonies composées de ses vétérans, assurent à Sylla sa toute-puissance. Ses réformes et ses lois lui méritent une place parmi les plus sages législateurs. *DR.* 167.

81 1 Fin de la deuxième guerre de Mithridate. Il s'oblige à licencier sa marine. *DR.* 168, 181.

1 Pompée remporte deux victoires en Afrique sur les partisans de Marius. Sylla lui donne le titre de Grand. *DR.* 168.

5 Bérénice, reine d'Egypte, succède à son père Ptolémée VIII Soter II. *C.* 456.

80 **Guerre de Sertorius en Espagne.** *DR.* 171.

4 Ptolémée X Alexandre II, fils d'Alexandre Ier, épousa Bérénice, reine d'Egypte, et l'égorgea 19 jours après. Il fut lui-même massacré par l'armée.

5 Ptolémée XI Auletès (joueur de flûte), roi d'Egypte, fils naturel de Soter II, est mis sur le trône. *C.* 467.

Sylla abdique la dictature. *DR.* 168.

79 1 Guerre civile de Lépidus. Il est vaincu. Perpenna, avec les débris de ses troupes, se retire auprès de Sertorius. *DR.* 469.

5 Alexandra, reine des Juifs, succède à son mari Alexandre. *C.* 499.

Guerre des Pirates. Publius Servilius (l'Isaurique) s'empare d'Isaure, leur chef-lieu, et retourne à Rome. Les pirates reparaissent aussitôt. *DR.* 181.

76	5	Arsace IX Sinatrockès, roi des Parthes, âgé de 80 ans, succède à Mnoskiras. *S.* 61. — *A.*
75		**La Bithynie devient province romaine.** Nicomède III, dernier roi, ayant institué le peuple romain pour héritier de ses Etats, Mithridate VII, roi de Pont, les envahit. *DR.* 177. — *C.* 486.
74	1	Troisième guerre de Mithridate. Il prend à sa solde les pirates, qui pillent 400 villes d'Italie et tiennent assiégées toutes les côtes de la Méditerranée. *DR.* 177.
73	1	Mithridate lève le siége de Cyzique. Il est atteint et vaincu par Lucullus. *DR.* 178.
		Fin de la guerre de Sertorius en Espagne. Il est assassiné par Perpenna, qui, lui-même, est vaincu et mis à mort par Pompée. *DR.* 174.
		Guerre de Spartacus, chef des gladiateurs et des esclaves révoltés contre les Romains. *DR.* 174.
72	1	Lucullus, vainqueur de Mithridate VII dans la Cappadoce, envahit le Pont.
	6	Mithridate VII se réfugie auprès de Tigrane, roi d'Arménie, son gendre.
	9	Les sœurs et les épouses de Mithridate auxquelles il envoya l'ordre de mourir, obéissent. La belle Monime tend la gorge à l'officier chargé de cette triste mission. *DR.* 179.
71	1	Prise de Sinope, capitale du royaume de Pont, par Lucullus. *DR.* 180.—*A.*
		Le royaume d'Ibérie, Gurgistan ou Géorgie, **commence à être connu.** Le roi Artocès se déclare pour Mithridate VII. *A.*
		Fin de la guerre de Spartacus. Il est vaincu et tué par Crassus, avec 40,000 esclaves ; 5,000 se retirent dans la Lucanie, où ils sont exterminés par Pompée. *DR.* 177.
70		**Conquête définitive du royaume de Pont par les romains.** *DR.* 180

	5	Hyrcan II, roi des Juifs, élu par les Pharisiens, succède à sa mère Alexandra.
	5	Aristobule II, son frère, élu par le peuple, lui dispute la couronne. C. 479.
69	1	Tigrane II est vaincu par Lucullus, qui se rend maître de Tigrano-certe. DR. 180.
	5	Antiochus XIII l'Asiatique, fils d'Eusèbe, recouvre le trône de Syrie. A.
	5	Aristobule II, roi des Juifs seul, après avoir vaincu Hyrcan II. C. 499.
		Le royaume d'Emèse détaché de la Syrie, **devient indépendant.** Sampsicéramus premier roi. A.
68	1	Mithridate et Tigrane sont battus par Lucullus.
	6	Une sédition dans les troupes romaines force Lucullus de rétrograder dans la Mésopotamie. Un plébiscite licencie les troupes et rappelle Lucullus. DR. 180.
	6	Mithridate et Tigrane recouvrent leurs États. DR. 180-181.
	5	Arsace XII Phraate III, roi des Parthes, succède à Sinatrokès. S. 61.
67		**Conquête de l'île de Crète par les Romains.** Cécilius Métellus, vainqueur. DR. 182.
	6	Première conjuration de Catilina contre la vie des consuls. Elle échoue. DR. 188.
		Fin de la guerre des Pirates. Pompée extermina les pirates et s'empare de la CILICIE où ils avaient leurs principaux établissements. DR. 183.
66	1	Mithridate VII, vaincu par Pompée sur l'Euphrate, se retire dans le Bosphore Cimmérien, où régnait son fils Macharès. DR. 181. — C. 478.
	6	Tigrane II, roi d'Arménie, fait sa soumission à Pompée qui lui laisse la Grande-Arménie. DR. 184.
	5	La Petite-Arménie est donnée à Déjotare, tétrarque de la Galacie. A.
65		**Mithridate VII, roi de Pont, se donne la mort.**

		Le Pont, la Bithynie et la Paphlagonie deviennent provinces romaines. *DR.* 184. — *C.* 478.
	6	Seconde conjuration de Catilina. Elle échoue.
	6	Aristobule demande des secours à Pompée. *C.* 499.
		Le Bosphore Cimmérien redevient indépendant.
64	5	Pharnace, fils de Mithridate VII, en est reconnu roi. *DR.* 185. — *C.* 478.
		La Syrie et la Phénicie sont réduites en provinces romaines, sous le nom de Syrie. *DR.* 184.
	6	Pompée fait venir Aristobule II et Hyrcan II à Damas et se déclare pour Hyrcan II. *DR.* 184.
	6	Troisième conjuration de Catilina, qui est vaincu et tué. *DR.* 190.
	8	Cicéron, consul, qui déjoua les projets de Catilina, est proclamé Père de la patrie. *DR.* 191.
63		**La Judée sous le gouvernement des Romains.** Le titre de roi est supprimé. Hyrcan gouverne avec le titre de grand prêtre. Aristobule est emmené captif à Rome par Pompée. La Judée paye tribut aux Romains. *DR.* 185.
62	6	Pompée, qui avait contre lui le sénat, revient en Italie et s'attache à la faction populaire. *DR.* 192.
61	8	Jules César reçoit le gouvernement de l'Espagne et fait bénir aux Lusitaniens la sagesse de son administration. *DR.* 192.
60		**Premier triumvirat à Rome.** Pompée, Crassus et César forment une ligue dans le but de s'emparer du pouvoir. Dès lors la liberté romaine est détruite. Pompée reçoit le généralat en Asie; César, le gouvernement des Gaules et de l'Illyrie. *DR.* 195.
	8	Caton le Jeune et Cicéron furent les adversaires constants des triumvirs. *DR.* 196.

58		**Premières conquêtes de Jules César dans la Gaule transalpine.** *DR.* 200.
	5	Ptolémée Aulétès, roi d'Égypte, est chassé par ses sujets. *C.* 458.
	5	Arsace XIII Mithridate III, roi des Parthes, succède à son père Phraate III. *S.* 61.
	6	Cicéron, exilé, est rappelé par Pompée. *DR.* 196.
		L'île de Chypre devient province romaine. *C.* 458.
57	1	Expédition de Gabinius, gouverneur de Syrie, en Judée. Il rétablit Hyrcan II, grand prêtre des Juifs, qu'un des fils d'Aristobule II avait chassé de Jérusalem. *DR.* 206.
		Jules César bat les Belges et prend Namur.
		Le jeune Crassus, fils du triumvir, soumet l'Armorique. *DR.* 201.
56	1	Aristobule II, s'étant sauvé de la prison, vient reconquérir la Judée. Il est vaincu par Gabinius et renvoyé à Rome. *C.* 500. — *A.*
	6	Renouvellement du premier triumvirat à Lucques. *DR.* 197.
		Le jeune Crassus, lieutenant de Jules César, fait la conquête de l'Aquitaine. *DR.* 202.
55	1	Jules César passe et repasse le Rhin. *DR.* 202.
	1	Expédition de Gabinius en Égypte. Il rétablit Ptolémée Aulétès pour 10,000 talents. *DR.* 207.
		Première expédition des Romains dans la Grande-Bretagne, sous la conduite de Jules César. *DR.* 202.
	6	Hyrcan prend le titre d'Ethnarque. *C.* 500.
	8	Térentius Varron, le plus docte des Romains, vivait vers cette époque. *S.* 173. (*Picot.*)
54		**Une partie de la Grande-Bretagne devient tributaire des Romains.** *DR.* 203.

	1	Révolte de la Gaule septentrionale contre les Romains. Elle est comprimée. *DR.* 203.
	5	Arsace XIV Orode Ier, roi des Parthes, succède à Mithridate III. *S.* 61. **Expédition de Crassus contre les Parthes.** Il périt avec son fils et presque toute son armée. *DR.* 209.
53	1	Les Parthes attaquent la Syrie. Ils sont repoussés par Cassius, lieutenant de Crassus. *DR.* 211.
	6	Lutèce (Paris) est choisie par Jules César comme chef-lieu des Etats de la Gaule. *DR* 203.
52	1	La Gaule méridionale se soulève contre les Romains, sous la conduite de Vercingétorix, roi des Trévisiens. *DR.* 204.
	5	Cléopâtre et Ptolémée XII succèdent à leur père Aulétès, roi d'Égypte. *C.* 458.
	6	Une révolte force Cléopâtre de quitter le royaume.
	8	Cicéron, investi du gouvernement de la Cilicie, l'administre pendant deux ans. *DR.* 211.
51	6	Pacification de la Gaule par Jules César. Toutes les provinces révoltées sont successivement réduites. *DR.* 205.
	8	Sisenna, historien latin, vivait vers cette époque. Il rédigea les Annales de Rome, depuis la prise de cette ville par les Gaulois jusqu'aux guerres de Sylla. *S.* 201. — *DR.* 193.
50		**La Gaule transalpine, conquise par Jules César, devient province romaine.** Elle se composait de l'Aquitaine, de la Gaule celtique, de la Gaule belgique et de l'ancienne province romaine (Provence).
	6	Lugdunum (Lyon) devient la capitale de la Gaule. *DR.* 199. — *C*.* 15.
	9	Lucrèce, poëte latin, se donne la mort à l'âge de 45 ans. *DR.* 194.
49		**Guerre civile entre César et Pompée.** Les sourdes menées

de Pompée provoquèrent un décret du sénat, qui ordonnait à César de quitter son armée. César rentre en Italie ; Pompée s'enfuit en Epire avec 30 cohortes. *DR.* 211.

6| Marseille, qui s'était déclarée pour Pompée, est prise par César. Elle perd ses armes et ses galères. *C*.* 14.

48| **Bataille de Pharsale gagnée par César.** Pompée fait voile vers l'Egypte, où il est assassiné, à la vue du rivage, par ordre de Photin, ministre de Ptolémée XII.

8| Caton le Jeune, partisan de Pompée, passe en Afrique avec le parti républicain. *DR.* 214.

Le Pont recouvre son indépendance, sous la conduite de Pharnace, fils de Mithridate VII. *A.*

47| 1| César en Egypte. Ptolémée XII, vaincu, périt dans les flots du Nil.

6| La bibliothèque d'Alexandrie devient la proie des flammes.

5| Cléopâtre et Ptolémée XIII, son frère, sont placés sur le trône d'Égypte par César. *DR.* 215.

6| César donne à Hyrcan II le titre de prince, et à Hérode le gouvernement de la Judée. *DR.* 216.

La Colchide est conquise par le roi de Pont. *S.* 63.

46| **César en Afrique. Toute la Numidie devient province romaine.** *DR.* 218.

5| César est déclaré demi-dieu, dictateur, proconsul et censeur. *DR.* 218.

5| Darius et Polémon, rois de Pont, succèdent à leur père Pharnace. *S.* 64. — *A.*

9| Caton le Jeune (dit d'Utique), philosophe et orateur latin, se donne la mort à Utique. *DR.* 218.

9| Catulle, poëte latin, meurt âgé de 40 ans. *S.* 173.

45| **Bataille de Munda**, en Espagne, gagnée par César. **Fin de la**

guerre civile. César est déclaré dictateur perpétuel avec le titre d'empereur. *DR.* 219.

Réforme du calendrier. Sosigène, célèbre astronome d'Egypte, fut chargé de ce travail.

Ère julienne. *DR.* 218.

8 | Diodore de Sicile, historien grec, vivait vers cette époque. *S.* 173.

44 | **César est assassiné en plein sénat.** Brutus et Cassius, ses meurtriers, Antoine et Lépide, ses prétendus vengeurs, et Octave, son héritier, forment trois partis. Sextus, fils de Pompée, obtient la surintendance des mers. *DR.* 219.

5 | Cléopâtre, reine d'Egypte seule, après la mort de Ptolémée XIII. *C.* 459.

Guerre de Modène. Marc-Antoine, battu, passe dans les Gaules. *DR.* 222.

43 | **Second triumvirat formé par Marc-Antoine, Octave et Lépide.** Les républicains sont massacrés ou proscrits. Ils se réfugient auprès de Sextus Pompée en Sicile, et auprès de Brutus et Cassius, gouverneurs de la Macédoine et de l'Orient.

9 | Cicéron, livré à Marc-Antoine, est mis à mort pour ses Philippiques (discours prononcés contre Antoine). *DR.* 222.

42 | **Deux batailles de Philippes en Macédoine gagnées par les triumvirs sur les républicains.** Cassius, vaincu par Antoine, se donne la mort. Brutus, vaincu par Octave et Antoine, se fait donner la mort. *DR.* 224.

6 | La flotte républicaine reste maîtresse de la mer. Antoine se rend à Athènes. Octave retourne à Rome. *DR.* 224, 225.

41 | 6 | Antoine passe en Orient et de là en Egypte. Il étonne les Asiatiques eux-mêmes par l'excès de son faste. En quelques mois, il prodigua en fêtes les impôts de dix années. *DR.* 233

40	1	Guerre civile de Pérouse contre Octave. *DR.* 227.
	3	Traité de Brindes et de Misènes entre les triumvirs et Sextus Pompée. *DR.* 227.
	6	Antoine épouse Octavie, sœur d'Octave. *DR.* 233.

La Judée sous les rois étrangers. Hérode, Iduméen, est nommé par les Romains, Antigone par les Parthes. *A.*

	8	Trogue Pompée, historien latin, vivait vers cette époque. *S.* 173, 202.
39	1	Ventidius, lieutenant d'Antoine, remporte plusieurs victoires sur les Parthes, qui avaient étendu leur domination jusqu'aux frontières de l'Égypte. *DR.* 234. — *A.*
	5	Origine des consuls substitués, ou petits consuls à Rome. *DR.* 228.
	8	Cornélius Népos de Vérone, célèbre historien latin, vivait vers cette époque. *S.* 173 (*Pic.*)
38	6	Ménas, affranchi de Pompée et son lieutenant, livre à Octave la Sardaigne et la Corse. Pompée ne conserve que la Sicile. *DR.* 228.
	1	Guerre navale entre Octave et Sextus Pompée.

Ère d'Espagne. Elle fut suivie en Espagne et en Portugal. *A.*

| 37 | 1 | Siége et prise de Jérusalem par Hérode et les Romains. Antigone, fils d'Aristobule II, que les Parthes avaient placé sur le trône de Judée, est mis à mort. |

Fin des princes Machabées ou Asmonéens. *A.*

36	3	Antoine donne à Cléopâtre plusieurs provinces. *DR.* 235.
	5	Arsace XV Phraate IV, roi des Parthes, est placé sur le trône par son père Orode. *A.*
	1	Expédition d'Antoine contre les Parthes. Elle est manquée. *DR.* 235.
	1	Combat naval de Nauloque. Sextus Pompée, vaincu par Octave, se réfugie en Asie. *DR.* 230.
	6	Lépide est relégué par Octave à Circéies.

35	1	Sextus Pompée obtient quelques succès sur Furnius, préfet de l'Asie. *DR.* 230.
	6	Antoine épouse Cléopâtre, reine d'Egypte. Rupture entre Octave et Antoine. *DR.* 237.
	9	Mort de Salluste, l'un des plus purs historiens latins. *S.* 173. (*Picot.*)
34	9	Sextus Pompée, vaincu par les lieutenants d'Antoine, se rend à Titius, préfet de Syrie, qui le fait mettre à mort. *DR.* 230.
33		**Le royaume de Mauritanie devient province romaine** après la mort de Bocchus II. *A.*
	8	Agrippa, édile, fit construire à Rome plusieurs aqueducs, 500 fontaines publiques et 700 abreuvoirs. *DR.* 238.
32	6	Antoine arrive à Athènes avec Cléopâtre et signifie à Octavie son acte de divorce. *DR.* 239.
		Guerre civile entre Octave et Antoine. Octave fait rendre un décret qui prive Antoine de la puissance triumvirale. Par un autre décret, la guerre est déclarée à Cléopâtre. *DR.* 239.
	8	Manilius, poète latin, vivait vers cette époque. *S.* 173.
31		**Bataille navale d'Actium gagnée par Octave sur Antoine et Cléopâtre**, qui donna le signal de la fuite. Antoine la suivit au fort de l'action, qui dura encore près de trois heures. La flotte d'Antoine fut détruite. Ses légions intactes se soumirent à Octave *DR.* 240.
		La Médie Atropatène est conquise par les Parthes. *A.*
30		**Siége et prise d'Alexandrie par Octave. Mort d'Antoine.** Il se perce de son épée. **Fin de la guerre civile.**
		Mort de Cléopâtre. Elle se fait piquer par un aspic. **Fin du royaume des Lagides. L'Egypte devient province romaine.** *DR.* 243.

	8	Denys d'Halicarnasse, littérateur et historien grec, vivait vers cette époque. *DR* 246. — *S.* 173.
29		**Fin du gouvernement républicain à Rome. Commencement des empereurs. Octave** est nommé triumvir à vie et empereur. Son nom est associé à celui des dieux dans les prières publiques. Le temple de Janus est fermé. *DR.* 245.
		Siècle des sciences et des arts chez les Romains. Mécène et Agrippa en furent les principaux protecteurs.
28		**Le principat.** Octave est nommé prince du sénat par son collègue Agrippa.
		Il casse les actes du triumvirat. *D.* 12.
27	1	Les Asturiens, les Cantabres, les Lusitaniens et les Aquitains se révoltent contre les Romains. *D.* 16.
	5	Octave offre solennellement une abdication et accepte seulement pour dix ans la prorogation de ses pouvoirs. *D.* 12.
		Les Augustes. Octave se fait donner le nom d'Auguste. *D.* 12
	8	Vitruve, célèbre architecte romain, vivait vers cette époque. *S.* 173.
25	1	Les Asturiens, les Cantabres, les Lusitaniens et les Aquitains sont réduits par les Romains. *D.* 16.
23	5	On décerne à Auguste, à perpétuité, la puissance tribunitienne, proconsulaire et consulaire. Il refusa toujours la dictature. *D.* 12.
22		**La Galatie ou Gallo-Grèce, réduite par Auguste, devient province romaine.** *D.* 16.
	6	Auguste prépare une expédition contre les Parthes. Arsace XV Phraate IV désarme l'empereur en lui rendant les aigles romaines enlevées à Crassus et à Antoine. *D.* 16. — *C.* 474.
21	6	Auguste choisit pour gendre Agrippa, compagnon de ses victoires. Il lui fait épouser Julie, sa fille, veuve de Marcellus. *D.* 18. — *A.*

20	6	Les ambassadeurs des Sarmates, des Scythes, de l'Inde et de l'Éthiopie, viennent à Samos rechercher l'alliance d'Auguste. *D.* 16. Dernière révolte des Cantabres contre les Romains. Ils sont réduits. **L'Espagne est** dès lors **définitivement soumise aux Romains. Elle adopte leurs lois et leurs mœurs.** *D.* 16.
19	5	Agrippa est associé par Auguste à la puissance tribunitienne. *D.* 18.
18	8	Tibulle, chevalier romain et poëte célèbre, était contemporain de Virgile. Il mourut peu de temps après lui. (*Picot.*)
	9	Virgile, né à Mantoue, le plus grand poëte qu'aient eu les Latins, meurt âgé de 52 ans. *S.* 173 (*Picot.*)
17		**Fêtes décennales.** Auguste se fait proroger tous les dix ans ses pouvoirs. Il eut soin de prendre possession, chaque année, de toutes les charges, selon les anciennes formes. *D.* 12. **Le temple de Jérusalem est reconstruit à neuf par Hérode.** *A.*
15		**A la Pannonie, à la Mésie, récemment conquises, Auguste ajoute la Rhétie, la Vindélicie et la Norique.** *D.* 16.
13	5	Auguste se fait nommer grand pontife après la mort de Lépide. *D.* 12.
12	1	Drusus attaque la Germanie par terre et par mer. *D.* 16.
	9	Mort d'Agrippa, gendre d'Auguste, protecteur des sciences et des lettres. *D.* 18.
	9	Mort de Properce, poëte latin, âgé de 40 ans. *S.* 173, 200.
9		**Une partie de la Germanie est conquise par les Romains.** Drusus, après avoir traversé le Weser et construit en Germanie 50 forts, pénètre jusqu'à l'Elbe, où une maladie mortelle l'arrête. **L'Elbe devient la frontière de l'empire.** *D.* 16.

	9	Horace, célèbre poëte romain, meurt âgé de 57 ans. Il a excellé dans la poésie lyrique et dans la satire. *S.* 173 (*Picot.*)
8	1	Domitius Ænobarbus passe l'Elbe, mais Auguste se borne à conserver le pays conquis par Drusus. *D.* 16.
	6	Auguste est nommé père de la patrie, et il ne dédaigne pas la surintendance des chemins et celle des vivres. *D.* 12.
	6	**Naissance de Jésus-Christ à Bethléem,** où Marie était venue de Nazareth, avec Joseph, pour se faire inscrire dans le dénombrement général. Joseph emmena ensuite Marie et l'enfant Jésus en Égypte. *A.*
5	9	Hérode fait massacrer tous les enfants mâles âgés de deux ans, sur l'avis qui lui fut donné que, parmi les enfants nouveau-nés, il y avait un roi des Juifs. *A.*
4	4	Mort d'Hérode, roi des Juifs. **La royauté est abolie en Judée, la Tétrarchie instituée.** *A.*
	5	Les quatre fils d'Hérode deviennent tétrarques de la Judée, de la Galilée, de l'Auranite et de la Trachonite, et enfin de l'Iturie. *A.*
	6	Retour de Marie avec l'enfant Jésus et Joseph à Nazareth. *A.*

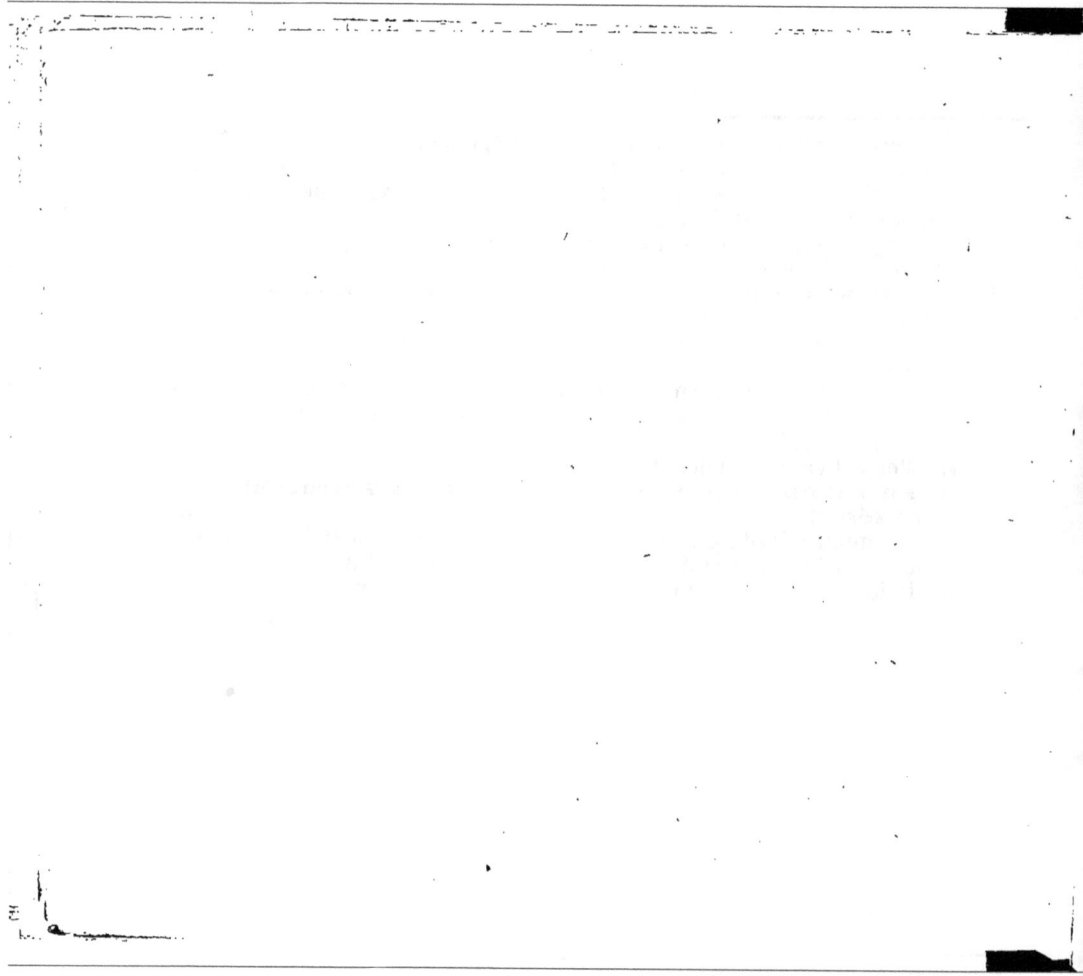

GUERRES, BATAILLES ET COMBATS

LES PLUS REMARQUABLES.

1313		**Guerre de Thèbes.**
1307		**Guerre des Épigones.**
1280		**Guerre de Troie**, 1270 *.
744		**Guerre de Messénie** (Première). 744, 732, 726, 724.
684		— — (Seconde). 684, 682, 680, 668*.
680	1	Bataille des Tranchées. Les Messéniens sont vaincus par les Spartiates.
667	1	Combat des Horaces et des Curiaces.
609	1	Bataille de Mageddo. Josias, roi de Juda, est battu par Néchao, roi d'Égypte.
600	1	Guerre sacrée contre les Crisséens. 590.
548		**Bataille de Thymbrée**, gagnée par Cyrus sur Crésus, roi de Lydie.
496		**Guerre Médique.** 494, 490 *, 480*, 479 *, 470, 450, 449 *.
490		**Bataille de Marathon**, gagnée par Thémistocle et Aristide sur les Perses.

480		**Bataille navale de Salamine**, gagnée par Thémistocle sur les Perses.
—		**Bataille de Panorme,** en Sicile, gagnée par Gélon sur les Carthaginois.
479		**Bataille de Platée**, gagnée par Pausanias sur les Perses.
—		Combat naval de Mycale, gagné par les Grecs sur les Perses.
455	1	Bataille de Tanagre, gagnée par les Spartiates sur les Athéniens.
431		**Guerre du Péloponèse.** 430, 429, 428, 427, 426, 425 424, 423, 422, 421 *, 420, 419, 418, 417, 416, 415 *, 414, 413 *, 412, 410, 407, 406, 405 *, 404 *.
418	1	Bataille de Mantinée, gagnée sur la ligue par les Spartiates.
405		**Bataille navale d'Ægos-Potamos,** gagnée par Lysandre, général lacédémonien, sur les Athéniens.
401		**Bataille de Cunaxa**, gagnée par Artaxerxès Mnémon sur le jeune Cyrus.
394	1	Combat naval de Cnide, gagné par Conon sur les Spartiates.
—	1	Bataille de Coronée, gagnée par Agésilas sur les confédérés.
371		**Bataille de Leuctres,** gagnée par Épaminondas et Pélopidas sur Cléombrote, roi de Sparte.
367	1	Bataille sans armes, gagnée par les Spartiates sur les Arcadiens. 367.
363		**Bataille de Mantinée**, gagnée par les Thébains sur les Spartiates.
358		**Guerre sociale** en Grèce. 356 *.
355	1	**Guerre sacrée contre les Phocidiens.** 350, 345 *.
354		**Bataille de Péluse**, gagnée par Ochus, roi des Perses, sur Nectanebi II, dernier roi d'Égypte.
343		**Guerre des Samnites** (Première). 341.
338		**Guerre sacrée contre les Locriens.**

338		**Bataille de Chéronée,** gagnée par Philippe II sur les confédérés.
334		**Bataille du Granique,** en Phrygie, gagnée par Alexandre III (le Grand) sur les Perses.
333		**Bataille d'Issus,** gagnée par Alexandre le Grand sur les Perses.
331		**Bataille d'Arbelles,** gagnée par Alexandre le Grand sur Darius Codoman.
327	1	Seconde guerre des Samnites. 323.
323	1	Troisième guerre des Samnites. 321, 318.
—	1	Guerre lamiaque, en Grèce.
316	1	Quatrième guerre des Samnites. 311, 310, 309, 304.
301		**Bataille d'Ipsus,** gagnée par Lysimaque et Séleucus sur Antigone et Démétrius Poliorcètes.
299	1	Cinquième guerre des Samnites. 299, 295, 290.
283	1	Sixième guerre des Samnites. 282, 272 *.
280		**Bataille d'Héraclée,** gagnée par Pyrrhus sur les Romains.
279	1	Bataille d'Asculum entre Pyrrhus et les Romains. La victoire reste indécise.
275	1	Bataille de Bénévent, gagnée sur Pyrrhus par les Romains.
264		**Première guerre punique.** 263 *, 260 *, 259, 256, 255, 250, 241 *.
240		**Guerre de Carthage contre les mercenaires.** 237 *.
222		**Bataille de Sellasie.** Cléomène est vaincu par Antigone.
221	1	Bataille de Caphys. Aratus est vaincu par les Ætoliens.
220		**Guerre des deux ligues.** 217 *.
218		**Seconde guerre punique.** 217, 216 *, 215, 214, 213, 212, 211, 210 *, 209, 208, 207 *, 206 *, 204, 202 *.
—	1	Combat du Tésin, gagné par Annibal sur les Romains.
—		**Bataille de la Trébia,** gagnée par Annibal sur les Romains.
217	1	Bataille de Trasimène, gagnée par Annibal sur les Romains.
216	1	Bataille de Raphia, gagnée par Ptolémée IV sur Antiochus III.

216		**Bataille de Cannes**, gagnée par Annibal sur le consul Terentius Varron, qui se sauve.
—	1	Premier combat de Nole. Annibal échoue contre Marcellus.
215	1	Second combat de Nole, gagné sur Annibal par Marcellus.
214	1	Bataille de Bénévent, gagnée par Sempronius Gracchus sur Hannon, lieutenant d'Annibal.
—	1	Troisième combat de Nole, gagné sur Annibal par Marcellus.
—		**Première guerre de Macédoine.** 205 *.
209	1	Trois combats aux environs de Capoue, entre Marcellus et Annibal. Le premier est indécis; le second se termine à l'avantage d'Annibal, qui est mis en fuite dans le troisième.
207		**Bataille de Métaure**, gagnée par les consuls Néron et Livius Salinator sur Asdrubal, frère d'Annibal.
202		**Bataille de Zama**, gagnée sur Annibal par Scipion, qui reçoit le nom d'Africain.
200		**Seconde guerre de Macédoine.** 200 *, 197 *, 196 *.
197		**Bataille de Cynocéphale** en Grèce, gagnée par Flamininus, général romain, sur Philippe III.
192		**Guerre d'Antiochus III le Grand**, roi de Syrie, contre les Romains. 191 *, 189 *.
189		**Bataille de Magnésie**, gagnée par Scipion l'Asiatique, frère de l'Africain, sur Antiochus le Grand.
172		**Troisième guerre de Macédoine.** 168 *.
168		**Bataille de Pydna**, gagnée sur Persée par Paul Émile, général romain.
161	1	Bataille de Bethoron, gagnée par Judas Machabée sur Nicanor.
—	1	Bataille de Bethel, gagnée par Bacchide et Alcime sur les Juifs.
149	1	Guerre de Viriathe en Espagne.
		Troisième guerre punique.

149		**Quatrième guerre de Macédoine.** 148 *.
142	1	Guerre de Numance en Espagne.
139		**Première guerre des esclaves en Sicile.** 133 *.
115		**Guerre des Romains contre les Scordisques.**
105		**Seconde guerre des esclaves en Sicile.** 102.
104	1	Bataille sur le Jourdain, perdue contre Lathyre, roi de Chypre, par Alexandre, roi des Juifs.
94	1	Guerre civile entre les successeurs de Gripus et du Cizycénien, rois de Syrie. 83.
91		**Guerre sociale en Italie.** 89.
88		**Première guerre de Mithridate.** 87, 86, 85.
87	1	Bataille de Bethom, gagnée par Alexandre, roi des Juifs, sur les Pharisiens.
86	1	Bataille de Chéronée, gagnée par Sylla sur les généraux de Mithridate VII.
—	1	Bataille d'Orchomène, gagnée par Sylla sur les généraux de Mithridate VII.
85		**Guerre de Sertorius,** partisan de Marius. 80 *, 73 *.
84	1	Seconde guerre de Mithridate. 81.
—		**Guerre civile de Sylla.** 83.
83	1	Bataille de Sacri-Port, gagnée par Sylla sur le jeune Marius.
79	1	Guerre civile de Lépidus.
—		**Guerre des pirates.** 67 *.
74	1	Troisième guerre de Mithridate. 73, 72, 71, 70 *.
73		**Guerre de Spartacus.** 71 *.
49		**Guerre civile entre César et Pompée.** 45 *.
48		**Bataille de Pharsale,** gagnée par César sur Pompée.
45		**Bataille de Munda** en Espagne, gagnée par César.
44		**Guerre de Modène.**

42		**Deux batailles de Philippes** en Macédoine, gagnée par les triumvirs sur les républicains.
40	1	Guerre civile de Pérouse contre Octave.
38	1	Guerre navale entre Octave et Sextus Pompée. 36, 35, 34.
36	1	Combat naval de Nauloque. Sextus Pompée, vaincu par Octave, se réfugie en Asie.
32		**Guerre civile entre Octave et Antoine.** 31*, 30*.
31		**Bataille navale d'Actium,** gagnée par Octave sur Antoine et Cléopâtre.

FIN

CORBEIL, typ. et stér. de CRÉTÉ.

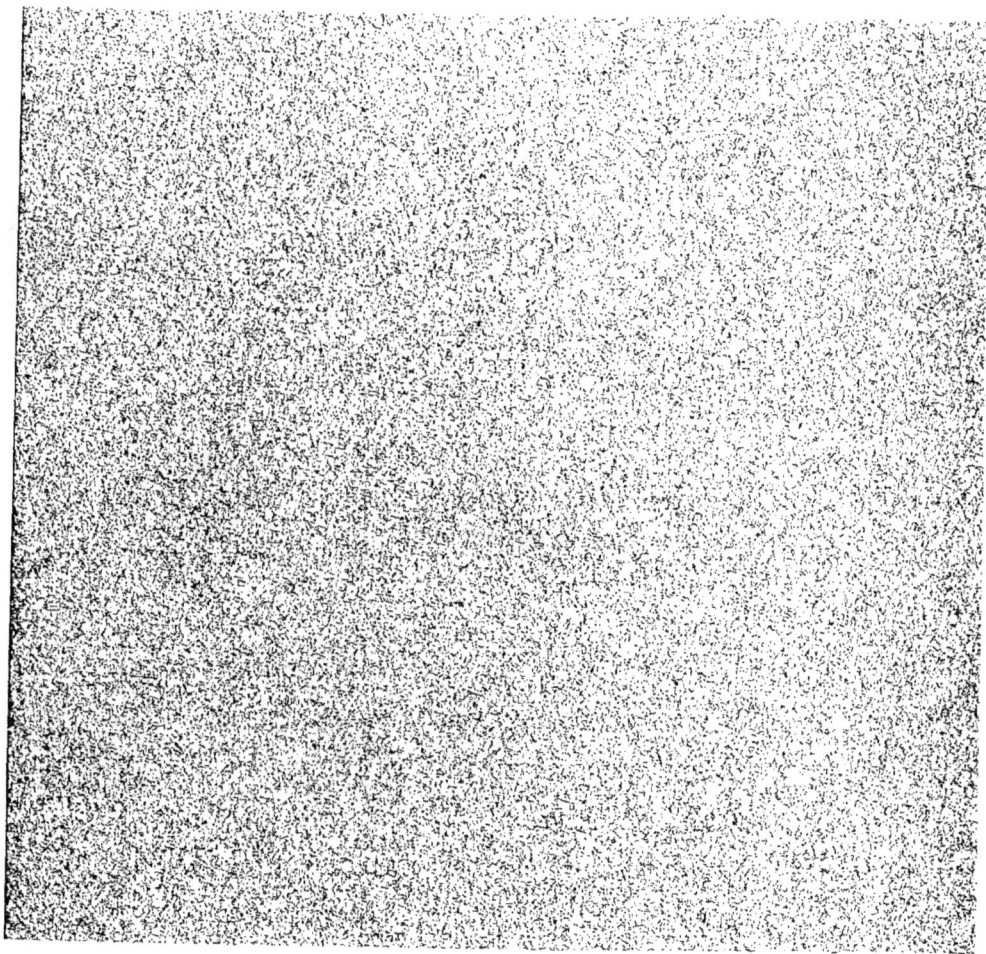

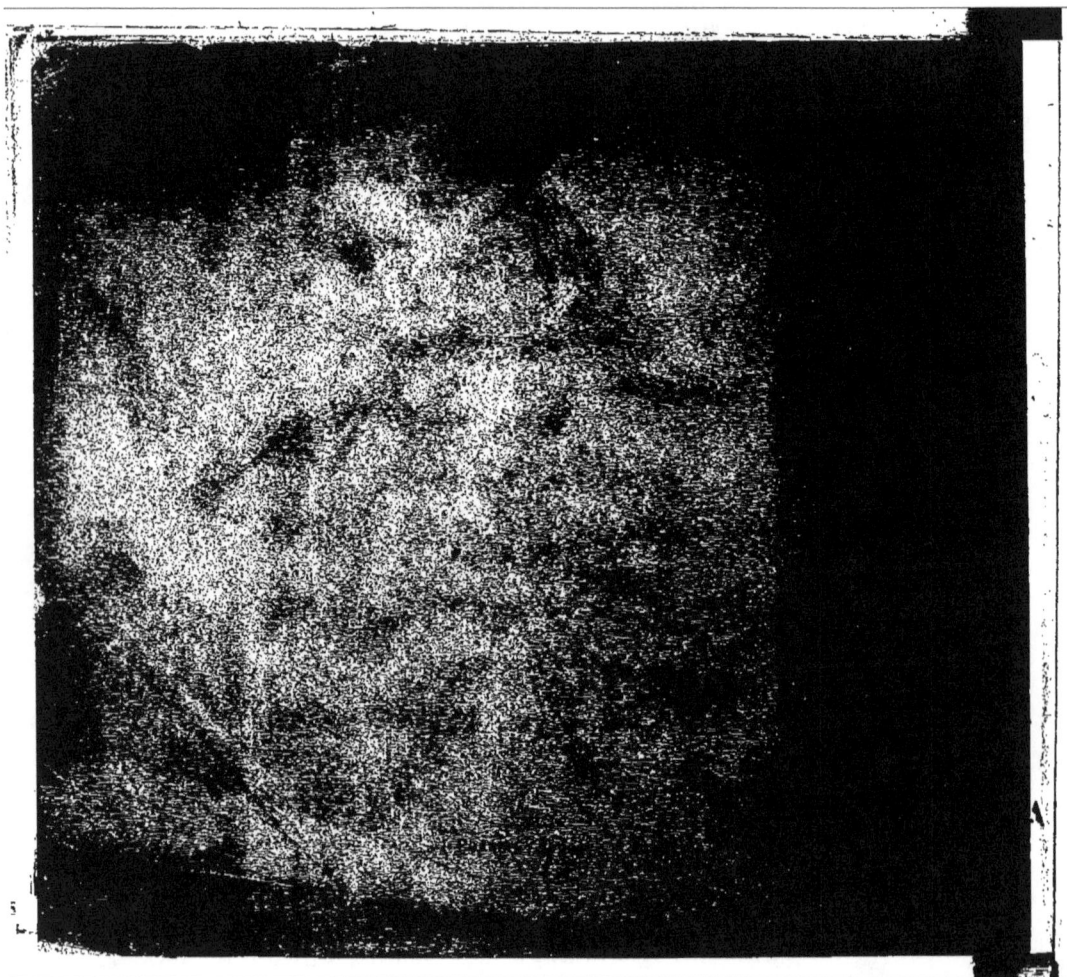

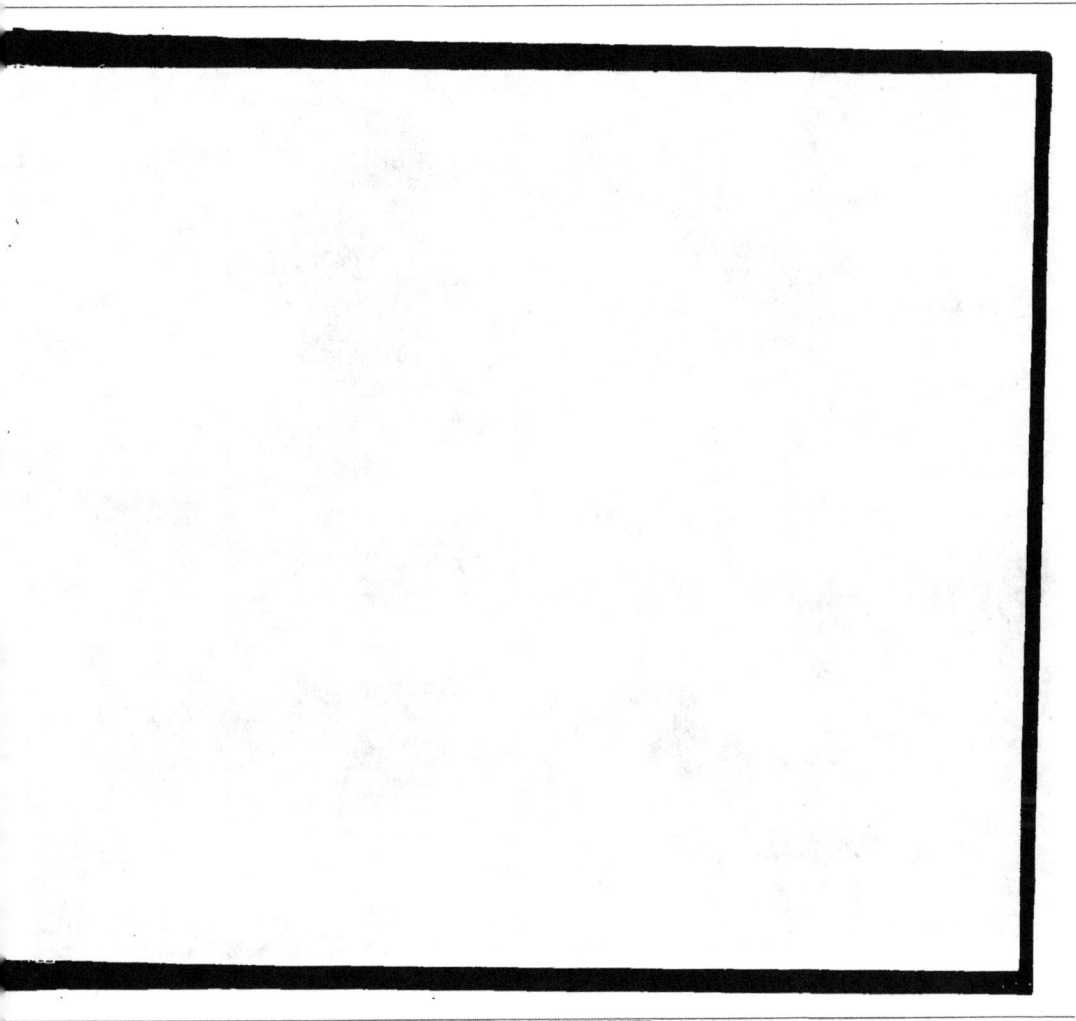